诗词家

余元钱

厦门文学艺术界联合会

厦门市文学艺术界联合会 编

中国文史出版社

图书在版编目（ＣＩＰ）数据

诗词家余元钱 / 厦门市文学艺术界联合会编. -- 北
京：中国文史出版社，2023.12
（厦门文学艺术人物系列专辑）
ISBN 978-7-5205-4517-4

Ⅰ．①诗… Ⅱ．①厦… Ⅲ．①余元钱－事迹 Ⅳ.
①K825.6

中国国家版本馆CIP数据核字(2023)第231014号

责任编辑：刘华夏

小传撰稿：徐　杨

出版发行：**中国文史出版社**

社　　址：北京市海淀区西八里庄路69号院　　邮编：100142

电　　话：010－81136606　81136602　81136603　81136605（发行部）

传　　真：010－81136655

印　　装：厦门中天华成文化传媒有限公司

经　　销：全国新华书店

开　　本：185×260　1/16

印　　张：11.5

字　　数：152 千字

版　　次：2024年6月北京第1版

印　　次：2024年6月第1次印刷

定　　价：90.00元

总序

　　素有"海上花园"称誉的厦门四季如春，人文荟萃。

　　中华人民共和国成立以来，尤其是建设经济特区以来，厦门市委、市政府一手抓经济建设，一手抓文化建设，全市文艺事业生机勃勃、硕果累累，文学、戏剧、电影、电视、音乐、舞蹈、美术、摄影、书法、曲艺及民间文艺等领域，呈现繁花似锦、姹紫嫣红的生动局面，涌现出许多优秀作家、艺术家。这些文艺界代表人物对厦门的文艺事业做出过积极贡献，产生过积极影响，为厦门文化建设注入了丰富的内涵，是不可多得的文化资源和精神财富。

　　为了进一步贯彻落实党的文艺方针政策，传承与发展厦门市文艺事业，推动厦门文化大发展大繁荣，厦门市文联决定编辑出版《厦门文学艺术人物系列专辑》，以音像和图文记录的方式，生动再现厦门文艺界代表人物的亮丽风采，总结他们毕生从事文艺创作的宝贵经验。

　　我们希望，这套系列专辑的出版发行，能让更多的人近距离、多视角地了解厦门文艺事业的发展，更亲切地感受厦门文艺界人物的无私奉献和辛勤努力。

　　我们相信，先人匠心独运的艺术创造将成为后人的精神资源，前辈攀登的高峰将成为后辈接力前行的起点。

　　江山代有才人出。我们正经历着一个伟大的时代，而伟大的时代又必然催生伟大的文学艺术作品和优秀的作家、艺术家。一切有理想、有抱负的文艺工作者，都要担起时代赋予的神圣使命，更加自觉、更加主动地追求德艺双馨，更好地履行"人类灵魂工程师"的神圣职责，积极投身于高质量的厦门建设，努力创作出无愧于我们这个朝气蓬勃时代的精品力作。

《厦门文学艺术人物系列专辑》编委会

目录

第三辑　社会评价

第四辑　附录

第一辑 小传

　　余元钱，字布泉，又字源泉，号未名。1938年7月出生于福建省仙游县沽洲自然村。1967年毕业于北京大学哲学系。中学高级教师，老年大学客座教授，中华诗词学会会员，福建省诗词学会理事，福建省作家协会会员。历任厦门市诗词学会副会长，《鹭江吟草》主编，《厦门诗词》执行主编等职。

　　自20世纪60年代起从事诗词及联、赋创作，并在中学、老年大学从事诗教工作。编纂《诗词曲格律启蒙与创作技艺》、《未名集》、《未名论丛》（上下）、《对联知识入门与创作指南》、《中华爱国诗词选》、《中华爱国对联选》、《从事教育50周年庆典诗文集》等20余部专著，共计200余万字。

少年阿甲

1938年7月21日，抗战的烽火弥漫全国，在莆田市仙游县游洋镇五星村沽洲自然村，有个男婴呱呱坠地——余元钱出生了。

这是一个青山环抱、风光秀丽的小山村，全村只有十多户人家，人口不足百人。那时候，因为人丁稀缺，村里只要有小孩子出生，村民们都会特别兴奋，纷纷登门送礼祝贺。因父亲在国民党后期实行保甲制度时当过甲长，乡亲们都亲切地唤余元钱作"甲子"（莆仙话"尕仔"），或称之为"阿甲"。

之前，母亲接连生了三个女孩，盼望添个男丁。因此，阿甲的出生，对于余家来说，是一件天大的喜事。

在距离阿甲家不到500米的山顶上，垂挂着一帘悬崖瀑布，到了夏天，瀑布声震荡山谷，只要推开小屋前门，震耳欲聋的瀑布声就会呼啸着扑面而来。如果是初到沽洲村的外乡人，一定会被吵得睡不着觉。

▲ 余元钱老家旧居

▲ 2008年与女儿余智妩在老家沽洲老鹰岩瀑布下

　　沽洲村地处偏僻，距离周边最近的自然村都有8公里，到乡政府所在地的游洋镇也有15公里，因此办学非常困难。阿甲9岁那年，恰逢村里还有几位十五六岁的青年都没法入学，村里人便想办法，请了族人的亲戚林鸣来村办私塾当老师，找了间能够遮风避雨的破旧老屋，摆儿张书桌，就正式上课了。

　　别看阿甲已经9岁了，但与余元洪、余金灿、曾炳龄、余步梯、余庆霖这5个一年级新生相比，仍是年纪最小的。

　　读书的时候，私塾先生要求特别严格，每日有两项任务：一是背诵"四书"（《大学》《论语》《中庸》《孟子》）和《幼学琼林》。先生每天讲授一段文章，要求每个人完成背诵才可以回家；二是先生每日要对课。临近放学，先生便起个对子，对得上才能回家，对不上便要留下。背诵"四书"和《幼学琼林》为阿甲日后写对仗打下了坚实的基础，诗词创作信手拈来的典故也源自《幼学琼林》。

　　沽洲村的私塾磕磕绊绊地坚持了2年，先生便因为水平有限不再继续授课。家长们便把阿甲和曾炳龄、余步梯、林德明3位同学送去坑腰村新办的学校读书。

　　坑腰村距离阿甲家8公里地，每天步行往返要两三个小时。山里的路坑坑洼洼，下过雨后更是泥泞难行。听村里人说，在去坑腰村的路上，常常有野狼和老虎出没，阿甲和他的小伙伴每天都拿着一把长长的尖柄雨伞，一来可以挡雨，二来可以当作防身的武器。少年不知愁滋味，每天放学时，小伙伴们都把雨伞当作长枪，互相打闹至天黑才回家。

阿甲很快就显露出学习的天赋，他丝毫不觉得学习苦，每日步行16公里山路，也不曾感觉求学之路艰辛。在坑腰村求学的2年时间一眨眼就过去了，阿甲再次面临继续上学的困难，坑腰学校办不下去，只好去临近5里地的沽溪村学校续读。

阿甲的父亲余培兰，是新中国成立初期沽洲村少有的读书人。祖父因为不识字，经常被人蒙骗，所以暗暗下定决心咬着牙根，即便家里穷，也坚持送儿子去很远的学校读书。经过7年的私塾教育，余培兰成为村里远近闻名的"大知识分子"，但凡村里有个红白喜事，都由他一人承担写写画画的任务。

▲ 余元钱家人合影（从左至右：余元钱弟弟、父亲、余元钱）

▲ 与家中侄子们合影（从左到右：余永忠、余永廉、余元钱、余永健、余永东）

1950年，土改运动开始。父亲认为自己当过伪职而被关押，是因为识文断字的缘故。于是，他语重心长地对阿甲说："尕仔啊，我们是农民出身，我们的根在土地，农民就在家里好好种地，不要去读书了。"

就这样，阿甲只好回到青山环抱的小山村，帮着家里种田。

1953年，发展国民经济的第一个五年计划提出，社会主义建设也如火如荼地进行着，政府号召要读书、扫盲，各地陆续掀起办夜校的热潮，父亲思前想后，还是把阿甲送去五星村部的初级小学读书。

因为在私塾打下了比较扎实的基础，阿甲一去学校就破格直接读二年级。跳级后的阿甲仍觉得学有余力，在郑瑞晖老师的推荐下，15岁的阿甲转学至游洋镇古邑中心小学读四年级。

古邑中心小学办学规模大，老师多，师资水平也比较高，在这里，15岁的阿甲展现出过人的天赋，每次语文、历史、地理、自然课程的分数都能达到90分以上，自然课、地理课和历史课更是从没有低于98分。他也因此被推举为少先队大队长和校学生会主席。

因为品学兼优，学校决定保送余元钱至仙游县一中读初中。父亲得知了消息，但因家中缺少劳动力，便劝说儿子："你如今这么大年纪就不要再读书了，还是回家里帮忙劳动吧。"

尽管余元钱很想读书，但是考虑到家里的现实情况，还是听从父亲的话，回家务农了。

阿甲的二姐出嫁后，换回了三担米的彩礼。正是靠着其中的一担米，阿甲的父亲与当地的温玉梓合开了一个店铺，在村部旁的小街有了正式的营生。生活问题解决了，余父不免忧心家里唯一的男丁——阿甲的前途问题。

在一次闲聊中，温玉梓问余培兰为什么不送儿子去读书。他答道，我们是庄稼人，安安稳稳地种地，这才是我们应该过的日子。温玉梓连连摇头道："培兰，你想错了，中国历代都是读书人讲话，如果不读书就没有讲话的机会。"余父听罢，忽想起父亲因为不识字被人欺负的惨痛经历和砸锅卖铁送自己上学的艰难，就决定再送阿甲去读书。

可是天不遂人愿，保送仙游一中的名单已经报送县里，阿甲错失了免试入学的机会，如果想继续读书，只能自己去离家80公里外的仙游四中参加考试。这对于少年余元钱来说，虽然很难，但也是渺茫前途中的一丝微光。

初涉诗词

对于余元钱来说，没能被保送仙游一中是求学路上一次不小的打击，但他不久也顺利考入仙游四中读初中。

初中三年，因着小学积累了丰富的学生工作经验，初中一年级的余元钱便顺利当选了班长，后又担任校学生会主席、校团委副书记等职务，直至初中毕业，个人能力得到了很大的提升。

担任班主任及兼授语文课程的林希柱老师对余元钱的诗词创作之路产生了非常大的影响。初中时余元钱在机缘巧合下参加了一次作文比赛并获得了第一名的好成绩，在全校学生大会上，时任语文教研组长的林希柱老师当众朗读并点评了余元钱的作文。此次比赛给余元钱留下了非常深刻的印象，也让他对写作产生了浓厚的兴趣。

1956年第二次中东战争爆发，仙游四中组织师生声讨英法联军的侵略行为，余元钱以学生代表的身份做大会发言，成为当时的校园红人。虽然余元钱自己没什么特别的感觉，但是身边人都觉得他非常厉害。尤其是他演讲起来头头是道，老朋友林仲金至今还时常谈到当年余元钱的演讲让他佩服到五体投地。也正是从这时候开始，余元钱觉得自己好像挺善于在公开场合进行演说，也期待能够有更多的机会展现自己。

1957年，林希柱老师被打成右派，他们失联了。直到30多年后，余元钱在三明一中与恩师偶然遇见，才恢复了联系。因为林老师爱写诗，两个人的互动交流便多了起来，也日渐亲密，后期林老师出版诗集，余元钱撰写了6000余字的序言《难得师生五十年》，此是后话。

1960年在中国历史上只是短短的一个篇章，但是对于少年余元钱来说，是其诗词创作生涯中具有特殊意义的一年。基于当时运动宣传动员的需要，仙游四中发动全体师生写诗、写民歌，余元钱更是在民歌创作中担任了不可或缺的职责。这一年，余元钱在民歌的反复创作修改中悟出了创作的门道，为今后自己的诗词创作打下了基础。他不仅自己创作，还组织同学创作，组织动员全校师生创作，带着年轻人的蓬勃热情，积极投入大运动的全民创作热潮当中。

在仙游四中求学的3年里，余元钱都是住校，因学校距离家里80公里，为了省下些费用，余元钱每学期只回家两次。过去在古邑中心小学的时候，他还能每周回家一趟看望父母，读了初中路程更远了，只好背着每学期的口粮精打细算在学校过日子。

余元钱非常珍惜得之不易的学习机会，刻苦学习的同时，也非常体谅父母的辛劳，每学期的10天农忙假都步行走路回家。虽然1958年从游洋镇到县里已经开通了公交车，但是从家到学校的车票要8毛5分钱，有时候看着同学坐车回家，余元钱很羡慕，也只能眼巴巴地目送家里条件比较好的同学乘着公交车离校。一想到在生产队面朝黄土背朝天的父母劳作一天能挣到的工分折合下来才5毛钱，便决定哪怕是往返160公里，也要能走路就坚决不坐车。

即便在如此艰苦的条件下求学，命运也没有特别眷顾余元钱。3年的初中生活结束后，作为优秀毕业生的代表，余元钱被学校保送至仙游一中读高中，也正是在人生十字路口面临新选择的时刻，因为家里贫困，余元钱权衡后申请了师范学校，再次放弃了这得来不易的保送机会。

可惜，天不遂人愿，这一年师范生暂停招生，余元钱又面临无书可读的窘境。所幸在仙游四中的余元钱表现非常出色，经过老师的多方努力，重新争取到仙游一中的保送名额。1959年，余元钱终于在21岁这一年成为一名光荣的高中生。

▲ 余元钱（右二）参加仙游一中厦门校友会2023年暖春联谊大会高级顾问、特邀高级顾问授匾仪式，被授予高级顾问证书　　▲ 仙游一中厦门校友会上余元钱发言

贤母与良师

　　仙游一中距离沽洲村50多公里路，余元钱只能每学期回家两趟，帮家里做一些农活。

　　为了不耽误上学，天蒙蒙亮余元钱就出发，手里撑着竹篾做的火把，出门爬过4公里的山路，再走30公里崎岖蜿蜒的山间小路，才到达仙游县的何岭关（仙游四大岭之一）。之后再走5公里的陡峭虎岭，至岭脚后，沿着公路坦途抵达仙游一中。到学校时已经是晚上八九点钟，还没喘口气就要开始学习。去时晨光熹微，至时月色已浓，这其中的艰辛，自不必说。

　　余元钱自小就非常懂事，因为山路崎岖，怕鞋子磨坏，在去学校的路上都是赤脚走路，肩上挑着扁担，扁担的一头是油布细细包好怕被露水打湿的鞋子，另一头是母亲从家里仅有的口粮当中挤出来精心装好的萝卜干和地瓜叶，这便是余元钱所有的家当。当时政府规定，高中生每月粮食定量为24斤大米，靠着一个月24斤米、萝卜干和地瓜叶，余元钱半饥半饱地撑过了高中三年。

　　余家兄弟姐妹七人，余元钱有三个姐姐，两个妹妹（后不幸夭折），一个弟弟和他相差了九岁，家里人口多而劳力少，生活拮据，幸亏余家有个持家有方的女主人。

　　母亲虽然不识字，但是特别聪慧，每天煮饭的时候都会摆好罐子，等到米要下锅的时候再抓回一把，放进罐子里。也正是这个举动，纵使20世纪60年代困难时期村里很多人家断粮断炊，余家却没有人饿肚子。余元钱几次险些失学，也是因为母亲想方设法而得以继续求学。

　　仙游一中求学期间，余元钱担任了三年班长、校学生会主席和校团委会委员等职务，在分管学生工作的政教处曾嘉良副主任的帮助下，积极组织开展黑板报宣传，主持召开学生代表大会，举办文艺活动，可以说余元钱在高中阶段的快速成长，曾主任功不可没。在仙游一中学习阶段，还有两位老师对余元钱产生了非常大的影响。

有一位是教授政治的张老师，在政治课上讲辩证唯物主义，余元钱听得入耳入心，对哲学产生了浓厚的兴趣，以至于高考填报志愿时毫不犹豫地选择了北大哲学系。说来也有趣，当时填报志愿完全是因为听了张老师讲唯物辩证法，觉得有意思，并不懂哲学是什么。进入北大哲学系学习期间，看到62级同班同学郭世英（郭沫若之子）、图道多吉（阿沛·阿旺晋美之子）和来自上海的周国平侃侃而谈，讨论康德、黑格尔和尼采，大为震惊，惊叹身边的同学为什么对于哲学的思考这么深刻。

▲1962年高中毕业时合影（右为邱金恒、中为余元钱、左为林良涯）

　　另一位对余元钱影响很大的，是时任仙游一中党支部书记的吴钧钧老师。吴书记特别会写古体诗，经常把古体诗抄写在仙游一中教师食堂的黑板上，当时讲授高三语文课程的刘正复老师看到便会来唱和。因着余元钱自己喜欢写诗，每天都是满怀期待，一下课就赶紧冲到教师食堂观摩两位老师的唱和诗。

　　1962年的夏天，对余元钱来说特别难熬。按照仙游一中当时的政策规定，本校高中毕业生，如果成绩好，并担任学生干部，可以在毕业后留校担任教职，这样一来工作的大事就可以顺利解决。余元钱条件都具备，他一心期盼着毕业后留校，而父母亲也盼望着儿子能如愿以偿，帮衬家里本就不富裕的生活。可惜临到毕业，才得知政策变了，学校不再接收应届高中毕业生留校当老师。

　　余元钱只好另作打算，如果考不上大学就回家种地。毕业时填写志愿时，他第一志愿报的是北大哲学系，第二志愿填写了复旦中文系，没想到最后被第一志愿录取。

　　1962年9月，余元钱惴惴不安地揣着余母卖猪所得准备给儿子娶媳妇的80元，姐夫林加善拿的20元，亲戚朋友你3元、我5元凑的80多元，以及仙游一中奖励的25元路费，共200多元，第一次坐火车踏上了进京之路。

北大求学

　　1962年9月的燕园，迎来了哲学系新生余元钱。在余元钱的记忆中，北大读书六年，真正授课的时间只有两年，其他时间都安排下乡参加"四清"运动。1966年，随着"文革"开始，余元钱的学业被迫中断了。

　　作为北大62级哲学系二班的班主席，余元钱尽到了作为学生干部的职责，但更多时候，不甘心随波逐流的余元钱在北大未名湖畔、博雅塔下思考着未来的人生将要何去何从。日子虽然困顿，但却隐藏了余元钱面对艰难时刻的解药——在困境中仍然能够跳出现实的泥潭，去思考更大、更重要的问题。在窘境中仍然能够跳脱出来，思考并坚持创作，这是余元钱摆脱困境的方式，也是改变命运的方式。

　　那段时间，余元钱心中虽时常感到苦闷，但每每望着天上懒洋洋飘动的白云，美妙的诗词便抑制不住地想要流诸笔端。后来余元钱回忆自己真正开始尝试诗词创作，也正是从那个时期开始的。

　　求学时期艰难的生活，给了余元钱不一样的底色，也使得他成为一个对生命体验特别深刻的诗词创作者。

　　说起"一塔湖图"这个词，老北大人都知道。塔，指的是博雅塔；湖，自然是未名湖；图，便是北大图书馆。对于北大学子来说，"一塔湖图"既是心中学术圣殿的象征，也是平日里自习、休闲的好去处。

　　未名湖风景旖旎，春日鸟语花香，夏日清幽宜人，秋天红叶纷飞，冬日冰封的湖面散落片片雪花，这也使得未名湖畔呈现独一无二的风景，一年四季令人神往。后来纵使"大串联"期间余元钱去过许多大学，都没有发现似北大未名湖畔这般迷人的景色。

　　那时候，每天清晨早读的学生不失为未名湖畔一道亮丽的风景。天蒙蒙亮，就有许多同学沿着湖散步，背诵外语单词。到了冬天，湖面结冰的时候，大家又在未名湖上练习滑冰。

　　未名湖畔不仅自然风光旖旎，人文景观也令中外学者倾慕。原北大校长蔡元培、美国记者斯诺都葬在未名湖畔，漫步未名湖不仅能够欣赏湖光

▲ 2002年，余元钱（右一）北大入学40周年与同学在未名湖合影

激滟，还能感怀名人。沿着未名湖也分布着很多教师宿舍，北大很多知名教授居住于此，如果你要去登门拜访，自然也要经过未名湖。

说来关于未名湖的命名更是曲折颇多。当年，因为种种因素迟迟都没有为这片凝蓝湖水确定名字，后来钱穆教授主张定为未名，未名不是名，未名之名。余元钱有感于未名湖之美，故而自号"未名"。

在未名湖畔绿树掩映中的北大图书馆，珍藏了许多孤本、善本，好像磁石一般吸引着余元钱，课余时间，他经常来到这里，不知疲倦地阅读吸收新知识。

北大的食堂每天开三次饭，每个学生都带着自己的小布袋，里面装着一个搪瓷碗，炊事员按量把饭菜用大勺子舀在他们的碗里。主要是清粥或者面条，上面漂着几根白菜叶子。

对于余元钱来说，从遥远的福建仙游乡下来到首都北京，有大米饭和馒头吃就已经非常知足了，并不敢去奢求能够享受到多么优越的物质条件，唯一令他感到苦闷的是冯友兰老师讲授的《中国哲学史》课程因为各种原因没能如愿开班，但这并不妨碍冯友兰老师成为余元钱诗词创作道路的"引路人"。

作为中国古代哲学史最权威的一位老师，冯友兰先生不但哲学底蕴深厚，诗词也写得特别好。余元钱曾经满怀期待地盼望着在五年级的《中国哲学史》课程上听冯友兰老师亲自授课，可惜后来冯友兰先生在运动中被批斗，暂时中止了在北大哲学系的授课。即便如此，余元钱依然买了冯友兰老师的《中国古代哲学史》教材和其创作的诗词，一边学习古代哲学史，一边仔细研读冯友兰老师的诗词，潜移默化中提升了诗词的鉴赏及创作能力。

1968年，北大分成水火不相容的新北大公社和井冈山兵团两派，各自占据几座楼房，从"文攻"转为"武卫"。作为井冈山兵团一员的余元钱秉持稳健的态度，不参加武斗。

激烈斗争之时，余元钱跟着哲学系井冈山兵团的部分同学离开自己所住的哲学系38号楼，搬到了35号中文系宿舍楼。学生们走得匆忙，很多东西来不及带走。余元钱偶然在宿舍楼道里拾得北大中文系主任、语言学家王力教授主编的《古代汉语》第四册，中有古汉语通论《诗律》和《词律》，被诗词格律的知识深深吸引，终不可止。有了这些书籍，余元钱很快大体掌握了有关诗的用韵、平仄、对仗等基本知识，为今后的诗词创作打下了坚实基础。

在哲学系听课时，讲授唯物辩证法理论的赵光武老师，对余元钱启发很大。

▲ 2012年，余元钱（一排右二）在北京与张维庆（一排右六）、图道多吉（一排右五）等老同学和部分家属合影

赵老师讲课特别生动，总是穿插很多历史故事，而这些历史故事往往又和诗词有着紧密的联系。有一次赵光武老师在课堂上讲到偶然和必然这对对立统一体的经典哲学命题，虽然这类哲学命题通常对很多同学来说理解起来略显晦涩深奥，但是赵老师分享的"苏小妹三难新郎"的典故，至今仍然让余元钱记忆犹新。

相传苏东坡要把妹妹苏小妹嫁给弟子秦少游，苏小妹既有学问又有独立意识，便想出一个方法来考验秦少游，也就是秦少游必须满足三个条件才能进洞房，也叫作"三难"。前两难秦少游都轻松通过考验，到第三难时，苏小妹提出了一个对子："闭门推出窗前月。"秦少游苦思冥想一直到下半夜都没想出来，这个时候苏东坡看到很是着急，捡起一块小石头扔到池塘里，秦少游灵感来了："投石冲开水底天。"终于让苏小妹折服。

赵老师说，这个故事当中就包含了必然和偶然的对立统一关系：偶然即是苏东坡行经秦少游身边捡起石头扔到水里，而必然则是被称为"大才子"的秦少游多年深厚的文学积淀，灵感一来即刻就能想出对子。若非秦少游，可能看到100颗石子投进去都想不出。结合典故，赵光武老师深入浅出地阐明了哲学道理。

秦少游所对的下联，对仗十分工整：闭—投（动词相对）、门—石（名词相对）、推出—冲开（复合动词相对）、窗前—水底（方位词的介词结构相对）、月—天（天文类名词相对）。从对仗来说正好对应苏小妹的命题；而平仄更是完美契合：平平仄仄平平仄（闭门推出窗前月）—仄仄平平仄仄平（投石冲开水底天），符合对仗规律的同时，意境也特别优美。

哲学和诗词虽属不同领域，但有许多相通之处。哲学注重逻辑的严谨，而诗词创作也讲求严密的起承转合、对仗及形式美感。

赵光武老师不仅培养了余元钱对对联创作和诗词的浓厚的兴趣，同时也对他今后的政治学科及诗词创作教学产生了潜移默化的影响。在以后的教学生涯中，余元钱将自己所学的哲学奥义融会贯通到诗词的创作中来，逐渐摸索出一套独特的创作思路和教学方法。除了培养出政治学科省状元之外，也影响了很多学生走上诗词创作的道路。

杭州任教

　　1968年9月，余元钱六年的北大求学时光结束。毕业后摆在余元钱面前的有三条路：一是按照政策要求去解放军农场劳动，二是到各地接受工农兵再教育，三是到杭州郊区余杭乡下的永建公社当老师。

　　踌躇再三，余元钱选择了第三条道路，虽然远离故土，但对于农民出身的余元钱来说，每月43元5角的工资，在当时是一笔不少的薪金了。

　　永建中学虽说是余杭乡下徐家村的公办中学，但条件十分艰苦。整所学校只有两位老师，除了余元钱，另一位是从当地抽调来的小学老师钮桂荣。教师宿舍是向老乡临时借用的一间破旧楼房，楼板早已被白蚁腐蚀得破败不堪，加上乡下没有电灯，晚上黑灯瞎火，结束了一天辛苦工作的余元钱好几次都在上楼的时候一脚踩空，差点掉到楼板的洞里。没有办公桌，余元钱就自己想办法找了两张课桌拼凑起来备课、写教案。

　　1968年，杭州的冬天特别冷。余元钱在宿舍睡到半夜被冻醒后，看到大片雪花从屋顶破损的洞口纷纷扬扬地落下，掉落在棉被上、床铺上。余元钱忽然觉得大雪像棉被，把自己紧紧地包裹，他相信这是命运对自己的磨炼和挑战。

　　在这里，最难熬的还不是冬天，每逢春夏之交阴雨连绵的季节，杭州湿冷的空气里夹杂着淅淅沥沥的小雨，打在身上那种阴冷和彻骨的寒意让人整夜辗转反侧，难以入眠。

　　如果说住宿条件差还可以克服，那最难挨的是经常饿着肚子教书。永建中学在徐家村办学，没有烧饭的条件，校委会主任便安排余元钱到附近的水泵厂与工人一起吃饭。工人下工时间往往比下课早，待余元钱课后收拾妥当，赶到水泵厂食堂，经常是连残羹剩饭都吃不上。煮饭的师傅们满口方言，也听不懂余元钱的福建普通话，交流不畅的情况下，余元钱有时索性不吃饭饿着肚子撑一天。好在永建中学距离徐家村村委会主任徐连娣同志家比较近，余元钱有时就在那里用饭，日子倒也能将就过去。

生活艰苦自不必说，教学方面也遇到极大困难。永建中学只有两位在编老师，余元钱一个人要教语文、物理和化学，在如此重压下，余元钱化压力为动力，迅速成长为教学多面手。

繁重的教学工作之余，余元钱也经常到田间地头劳作，接受贫下中农再教育，尤其是暑假，经常跟农民兄弟一起"双抢"（抢收、抢种）。白日里下地劳动，晚上下乡落实宣传教育工作。

1969年，适逢中共九大闭幕。当时正逢雨季，余元钱每天晚上都要踏着泥泞不堪的乡间小路，深一脚浅一脚地到乡下宣传党的文件。

环境的艰苦可以克服，但没有教材则像横亘在余元钱面前的一座大山。余元钱发挥自己的聪明才智，教学生学习《毛泽东诗词》和《毛主席语录》，自此他对诗词的兴趣更是一发不可收。

此举不仅解决了没有教材的难题，也给永建中学的学生打下了扎实的语文基本功。这段经历，对余元钱个人的诗词创作也大有裨益，在他后期的诗词创作中也依稀窥得毛泽东诗词的磅礴气势。

在永建中学任教期间，有段经历在余元钱的诗词人生中具有里程碑式的意义。一次偶然的机会，余元钱认识了一位叫赵永久的杭州知青。赵永久不知从哪里弄来一本清代蘅塘退士（孙洙）编纂的《唐诗三百首》和

▲ 余元钱于杭州合影（第二排右一为赵永久）

胡云翼选注的《宋词选》，借给余元钱。在大破"四旧"的当年，市面上根本买不到古诗集，余元钱喜出望外，犹如涸鲋逢甘霖，爱不释手。1979年，赵永久返城之际，将这两本书赠予余元钱。这是余元钱在永建中学10年间最欣慰的记忆。

1978年9月，余元钱工作调动到余杭县，在余杭中学担任政治老师兼任班主任，在此期间获评余杭县教育先进工作者。

余杭中学虽然只是县属中学，但名气大，校园门前有一条太炎路。太炎，即辛亥革命先驱章炳麟先生，章太炎故居就在本镇仓前老街。余元钱长期浸润在如此浓厚的文化氛围中，为后期深入研究古典文学打下了坚实基础。

余杭中学东边的老屋大院，有一块"常尔嘏纯"石刻匾额。一天傍晚，余元钱同政治组赵永才、吴汝文两位老师散步至此处，吴汝文老师忽然问余元钱："'常尔嘏纯'何意？"余元钱知道"嘏"是福之意，便望文生义地说："你啊，有福气而纯粹。"事后感到此解很是牵强，便赶紧查了《词源》："纯，大也。"后来又查阅《诗经·小雅·采薇》："维尔维何？维常之华。"尔的繁体为"爾"，繁盛鲜艳之意。"常"，常棣的简称，比喻"兄弟"。常爾，喻兄弟繁多，敦笃友爱。如此看来，"常尔嘏纯"，其真正之义，便可理解为："兄弟众多，友爱福大。"如此这样解读，让人服膺。余元钱老师便是在这样求索中，叩濡文光，增厚了古诗文功底。

民间流传的晚清四大奇案之一"杨乃武与小白菜"的故事，也发生在余杭镇。20世纪90年代，余杭镇专门建立了杨乃武与小白菜奇案展示馆，余元钱也应邀题诗、撰联、写骈文，并有多副楹联和两篇骈文镌刻在展示馆和附近新景区。

在余杭中学四年的教学生涯中，除了求索古文外，余元钱随身携带摘抄本，找资料注解名家对联。其间集注了100多副古今名联，以长、辣、神、妙、趣、新六类分注。手抄两巨册《联对选奇》（上下）。还曾经让他的门生沈健龙抄录，为后来出版楹联书籍积累了第一手资料。

在杭州地区任教，余元钱感触很深。一是生活非常艰苦，二是跟贫下中农建立了深厚的感情，三是与知青结下了亲密的友谊。基层的生活经历也使余元钱后期的诗词创作受益良多。

可以这么说，十多年间余元钱在不断尝试诗词创作的过程中，通过与身边朋友和前辈的切磋交流，唤醒了身边人对中国传统文学的认同，也让学生们在迷茫的青春里获得些许安慰。即使再困难，只要不放弃，只要理想还在、勇气还在，希望就在；只要文学的火种不熄灭，这一代人的经历就不是毫无价值的。

▲ 余元钱（第一排左二）与永建中学学生在杨乃武与小白菜奇案展示馆前合影

第二故乡

1982年11月7日，考虑到余元钱夫妻双方两地分居多年，组织上正式批准他调回三明一中任教。至此，直到2004年迁居厦门，余元钱在三明度过了22年的时光，可以说，三明就是余元钱的第二故乡。

▲ 余元钱夫妇合影

20世纪80年代伊始，广东开风气之先河，先后创办《当代诗词》季刊和《诗词》报。湖南、湖北、南京等紧随其后，《岳麓诗词》《东坡赤壁诗词》和《江南诗词》等刊物也陆续问世，一时间，祖国大地涌动着复兴中华诗词的春潮，也激励着余元钱的旧体诗词创作热情。

▲ 余元钱（后排右二）在第二故乡三明与连襟陈集瑞（后排中间）两家老少合影

　　这期间，余元钱因机缘巧合结识了南平陈祖源诗友，在陈祖源的引导下开始阅读广州《诗词》报、湖北《东坡赤壁诗词》、湖南《岳麓诗词》等，也正是通过陈祖源的大力推荐，余元钱有幸获得远在大连的王远甫老先生指点，通过两年的书信交往，逐步获得了诗词创作的一些窍门，并不知不觉地走上了业余学习诗词的道路。在诗词创作的过程中，他不仅对文字要求几近严苛，更强调"两句三年得，一吟双泪流"的慢功夫。头十年，他都是凭感觉走，兴来即写，写完即自抄入册，或投至报刊。

　　不久，余元钱读到林东海先生出版的《诗法举隅》，其中提出的理论对余元钱创作影响甚巨。拜读此书才使余元钱对诸如"以少总多""以小见大""超越时空""化虚为实""视听通感""乐景写哀"等诗论有所接触和了解，因此揣摩出以诗论指导诗作的创作方法。余元钱颇为欣赏朱东润教授为林东海先生《诗法举隅》所写的《序》中的一句话："情之所至即诗之所至，诗而至此，不可与言法，亦不宜于言法。"正所谓诗有其法而又无定法也。诗之最大之"法"是"情"，无"情"则不足以言诗。而如何抒情，则又是千变万化，自然无定法可言。后又接触到于海洲先生所撰《诗赋词曲读写例话》（上下册），这对余元钱诗词的创作产生了更直接、更具体的影响，也成为他写诗与评诗座右必备之书。在后来诗教过程中，余元钱也经常向学生毫无保留地推荐，此书可谓历代诗话之集大

▲ 20世纪80年代末，余元钱（右）与其诗词人生引路人陈祖源（中）、三明麒麟诗社秘书长柯哲为（左）合影

成，以通俗语言阐析，是阅读其他诗话、词话、曲话、赋话的敲门砖、开山斧。对于刚刚涉足诗界之芸芸诗子，裨益甚大。

1986年以后，余元钱逐步进入创作的旺盛期，每年都有100余首诗词曲联赋问世。

1987年端午节（5月31日）在北京正式成立全国性诗词学会——中华诗词学会，此举极大地促进了中华诗词的繁荣，有效地推动了全国各地中华诗词的复兴。余元钱成为中华诗词学会第一批会员，这对于他来说是莫大的鼓励，同时他也深感肩头责任的重大，当即写信给三明市政协，建议成立诗词组织。

三明市政协采纳了这一建议，并让余元钱参与诗社的筹备工作，他也因此与筹备组负责人涂大楷成为忘年交。

1987年10月1日，正值新中国成立38周年之际，三明麒麟诗社在市政协会议室内成立了。会上确立了以涂大楷为社长，万方为副社长，柯哲为为秘书长的组织架构，日常工作由时任市政协文史办副主任的郭富小负责。

1988年端午节（6月18日），福建省诗词学会在福州正式成立，余元

▲ 三明麒麟诗社同事合影（从左到右：陈祖坤、余元钱、陈金清、林秀芳）

钱作为代表之一，应邀出席成立大会。

麒麟诗社成立之后，第一个举措就是出版诗刊《三明麒麟诗社吟稿》。1987年10月1日，出版第一期诗刊，同年底，出版了第二期，改刊名为《麒麟诗词》，第三期诗刊由余元钱担任责编，直至1989年9月为止共出版七期。与此同时，诗社还牵头举办了多种类型的活动，其中比较有影响力的是1988年元旦"麒麟颂"征诗竞赛。赛事设置三类诗题，分别为"七律·三光拱照一片大明""七绝·百花齐放""诗钟振飞"，此三题均是冠顶嵌字。从投寄的2801件作品中评选出208首优秀诗词作品，刊发于当年2月6日的《三明日报》，余元钱至今还记得自己获奖的冠顶七律《三光拱照一片大明》：

三元复始万荣生，光满乾坤锦满城。

拱璧山青飞笑眼，照人水媚溢欢声。

一枝红杏春初透，片峤苍麟秀九成。

大地阳回歌处处，明花暗柳闹繁莺。

20世纪90年代初，麒麟诗社已粗具规模，正式更名为"三明市诗词学会"，余元钱担任副秘书长并兼任《麒麟诗词》主编。

作为三明市推动诗词教育发展的先行者，余元钱深知诗词创作难，推广诗词教育更难。为了开展诗教工作，三明市关工委、市教育局、市诗词

▲ 三明市诗词启蒙教育试点学校师资培训班

学会三家共同筹划的三明市首届诗教师资培训班，在三明市老年大学的协助下正式开班了。为了支持这一工作，余元钱献出自己编著的《诗词曲格律启蒙与创作技艺》（上下）作为教材，并不顾车马劳顿，亲自为诗教师资培训班来自全市30所诗词启蒙教育试点学校的53名教师学员授课。

1990年9月1日，三明市老年诗词协会成立，每年固定出版四期《三明老年诗词》诗刊。

1993年，三明市老年大学聘请余元钱担任诗词教学工作。对余元钱来说，出于对诗词创作的热爱，哪怕是没有报酬，自己也愿意做出尝试。

在教学过程中，余元钱发现，老年大学的学员大部分学习诗词热情很高，但创作的基础薄弱。余元钱结合自己多年的从教经验，独创"三上三下"的诗词批改方法。何谓"三上三下"？即作业批改采取三种改法，分别为点改、直改和半改。创作完成后由学员先自行检查遣词造句是否存在问题，自己先琢磨并首次修改，而后再次检查修改，之后提交老师审核，由老师指出不足再行修改，经过三次修改，诗词方能定稿。经过短期训练，很多爱好诗词但写不好诗词的学员取得了很大进步。后期余元钱也从学员当中挑选出三名助教，协助批改学员的诗词作业。这种教诗、改诗，又出版诗集的教学方法，不仅在全省，在全国来说，也是不多见的。

1993年至2004年，在三明市老年大学任教的11个年头里，余元钱花费了很多心血，成果也颇显著，与学员们建立了深厚的感情。后来，即使离开三明定居厦门，余元钱依然在李长生校长的邀请下担任三明市老年大学的客座教授，并多次往返厦门和三明两地举行讲座和座谈，常常与学员往来联系，为他们编辑出版诗集和写作序言。据不完全统计，在老年大学诗词班学员中，已经出版诗集的有涂大楷、马明哉、甘婴德、陈朝定、余养仲、罗焕刚、段英力、汪启光、颜新泰等多位。有的学员一人出版多本诗集，也有多位学员出版两本以上的诗集，陈朝定一人就出版了五本诗集。算起来，余元钱在三明先后帮助了30多位学员出版诗集，并为其作序。

▲ 书法家余养仲（左）赠送书法作品给余元钱

在热心于老人诗教的同时，余元钱深刻意识到诗词教育从青少年抓起的重要性。1997年，余元钱率先在三明一中开设了诗词选修课，为文科班学生讲解诗词相关基础知识，这在当地的教育界是一个创举。

开设学校诗教，困难重重。对于缺乏教材的问题，余元钱下决心自己摸索，编辑出版教材《格律诗启蒙》一书，而后在此基础上，扩编为《诗词曲格律启蒙与创作技艺》（上下），后续再版5次，此书后来推广到全国各地，让很多地区的诗词教育能够有书可依。

在授课过程中，余元钱发现青年学生的接受能力强，创作的欲望也强。余元钱按学校规划安排每学期集中一个月上8课时内容。第一周2课时，着重讲解诗词的魅力；第二周2课时简明扼要地讲述诗词的三大要素，即押韵、平仄、对仗；第三周2课时安排诗词创作，给学生布置作业，提供50个题目供其选择参考，再对学生创作加以同步指导；第四周2课时讲评学生诗词习作并考试。对于参加诗词班课程的学生来说，每周必须要完成两项任务，一是写一首诗，二是写一篇上课体会。通过这种形式引导学生创作，8课时的授课结束后，余元钱将学生作业收集好并仔细批改，打印优秀学生习作，寄往全国各地报刊发表，同时把收到的稿费交给校长，在全校大会上统一发放，这么一来，大大地激发了学生学习诗词的兴趣。

　　从1997年起至2004年7年间，三明一中共开办了6届诗词班，累计300多位学生参加诗词课程，诗教工作取得较为丰硕的成果。经过余元钱的指导，在北京的《中华诗词》《华夏吟友》、南京的《江南诗词》、福建的《福建诗词》及广州的《诗词》等全国12个省市区的22种报刊上，刊登了三明一中学子的优秀诗词作品和体会文章500余首（篇）。作为指导老师，余元钱不忘把学生发表的作品认真收集起来汇编成册，精心保管。

▲ 2020年余元钱在三明市第二期诗教师资培训班开班仪式上授课

　　1989年的高考中，余元钱所任教的文科班政治学科喜获福建省状元和平均分数第一的优异成绩，受到学校表彰，余元钱也因此被评为先进教师。

　　早些时候，余元钱对诗词创作的热情，对诗教工作的投入，身边的人大多不以为意，甚至有很多具有丰富诗词创作经验的老同志也认为三明一中的这些孩子创作不出什么精彩作品。直到有一年，福建省诗词学会召开理事会，余元钱带着自己学生的作品参会，南平诗词协会会长陈祖源看完顿感惊讶，叹道："你教的学生还能写出这么多好的作品！"语罢即刻提笔写信，附赠三明一中学生诗集汇编转交分管文化工作的副省长潘心诚。

　　潘副省长感慨三明一中在教育资源极其有限的情况下，还能推动诗教工作走在全省、全国前列，其宝贵经验值得全省推广学习。于是在2000年6月，福建省教育厅以红头文件的形式，专门转发三明一中开展诗词选修课的工作总结，并通知全省达标中学有条件的学校，要以三明一中为榜样，参照三明一中的做法开展诗教工作，让中华诗词走进校园。

1998年，年满60岁的余元钱办理了退休手续。但他退而不休，仍然继续诗词创作和诗教工作。

2000年9月，在让诗词走进中小学校园——全国第十三届中华诗词研讨会召开之际，三明一中吴锦裕校长与余元钱代表学校赴深圳参会并在会上做诗教经验交流发言。当时，中华诗词学会的领导看到余元钱随身携带的省教育厅红头文件，不禁惊讶，诗词教育本是民间工作，没想到福建省教育厅甚至专门发红头文件普及诗词教育，此举深深地感动了中华诗词学会，多位名家称赞：三明一中的诗教工作不仅办得好，福建省教育部门也非常重视。当天便选出全国诗教先进单位，三明一中突出重围与深圳南头一中等四所中小学被中华诗词学会授予首批全国诗教先进单位。

▲ 余元钱（左二）参加"让诗词走进中小学校园——全国第十三届中华诗词研讨会"

▲ 2019年在三明一中校门口（从左至右：黄鸿杯、余元钱、严建洪、涂丽仙）

▲ 2000年，中华诗词学会授予福建省三明第一中学"全国诗教先进单位"

会议结束后,余元钱有感于诗词研讨会对三明一中取得的成果的肯定,作《福建三明一中获"全国诗教先进单位"有作》一诗:

中华学会特垂青,我校恩蒙晋典型。

毋负年来勤映雪,当思日后更囊萤。

过河摸石诚堪恃,逆水行舟贵不停。

天外有天今古训,关山再越始从零。

如今,三明全市已有47所中小学积极地开展了诗教试点工作,也取得了阶段性的成果,涌现出一大批能够独立胜任诗教试点工作的师资新秀。作为三明市教育部门来说,多年来也非常重视诗词教育工作的传承,出版了《三明一中教改教研系列丛书》,在该丛书第五集《文笔新泉》中将三明一中《诗词选修课汇编》成果结集出版,内容包括中华诗词学会、福建省教育厅文件,历年全国各报刊发表资料、诗教论文、诗教工作经验总结文章。

从1997年起,三明一中从开设中学生古诗词选修课,到成为全国诗教先进单位,仅仅用了三年时间就完成了这个看似不可思议的任务。这一成果,在全国教育界引起了巨大的反响。余元钱多次应邀到永安、莆田等地介绍经验。2002年4月,全国首届创建"诗词之乡"和"诗教先进单位"经验交流会在杭州举行,会上,余元钱做了《中华绝学喜重光——福建三明一中五年来开展诗教工作经验总结》的发言,引发广泛好评。

▲ 2002年4月,余元钱(左一)在杭州参加中华诗词学会首届创建"诗词之乡"和"诗教先进单位"经验交流会 　　▲ 2000年,与三明市老年诗词学会会长段英力(左)在沙溪河上采风,创作《水上看三明》辘轳体五律

创立诗教系统

▲ 厦门老年大学诗词研究会首届会员留影（余元钱：第一排左四）

　　2004年，66岁的余元钱离开三明，来到厦门定居，准备在这座中外驰名的"海上花园"养老。但在第二年，他就被厦门市老年大学聘为诗词班的任课教师。其实，这个缘分始于2001年，在全省诗词教师经验交流培训班上，来自厦门市教育系统的领导人向余元钱取经时，提及厦门的诗词教育师资匮乏的现状，余元钱当即推荐了已经调到厦门工作的原三明麒麟诗社秘书长柯哲为到新创办的厦门市老年大学的诗词班任教，也算是间接助力厦门市老年大学诗教工作。遗憾的是，2005年，柯哲为老师因病逝世，老年大学的相关领导找到余元钱，希望他能够接替诗词班的教学工作。余元钱不顾年事已高，毅然接下这一重任。这一干就是17年，直到2021年因为身体原因才退居二线。

▲ 2001年5月31日《湄洲日报》刊登余元钱专访文章《让中华诗词走进校园——访三明一中高级教师余元钱》

▲ 2022年11月28日，文联领导等人登门探访余元钱（从左至右依次为：杨秀晖、市文联副主席陈春洋、余元钱、市文联书记陈影、黄文娟）

艺无止境，对于余元钱来说，始终思考的是诗词创作如何在传承中华传统文化的基础上，不断创新，与时俱进。在厦门老年大学诗词班任教期间，余元钱创立了一套诗教系统。

所谓一套系统，是指"日有诗屏，周有诗课，月有诗会，季有诗刊，年有诗集"。

日有诗屏。考虑到老年大学的学员们大多是退休后受兴趣指引来学习诗词创作，并非所有同学都能够熟练地使用电脑，余元钱便在每日与学员学习交流讨论后，委托擅长操作电脑的学员向纯诗友，把同学们当天所创作的作品汇集公布，建立诗词创作文库，便于后期学员们交流学习。

周有诗课。每周余元钱都会去老年大学上一次诗词课。原来厦门市老年大学开设2个诗词班，后来思明区老年大学也开设了诗词课程，算起来每周都要给3个班级上诗词课。作为早已过了退休年龄的老教师而言，每周3个班的课程实在不轻松，除日常教学工作之外，还要熬夜给学生批改诗词作品。家人也经常劝说余元钱退居二线，但是本着为学生负责的心态，他表示，在培养起诗词教育的接班人之前是断不能退居二线的。

月有诗会。每月都会举办一次诗词研讨会，邀请厦门大学的黄拔荆教授、黄建琛教授、刘光教授、洪峻峰教授，归侨女作家陈慧瑛，厦门日报社专刊部主任鲍周义，厦门市科教所所长谭南周，资深语文老师马亦良，长期担任仙游一中语文教研组长的周成勋以及三明泰宁诗社社长黄如传，三明永安诗词教师李廉德，三明老年大学诗词学会副会长余养仲，三明市教师进修学院语文科专家蓝云昌等本省文化、教育界名人来参加研讨会并给学员做诗词分享。这对推动厦门市老年大学学员更深入地学习诗词、创作诗词具有重要的理论指导作用。

季有诗刊。一个季度出版一期《鹭江吟草》。从2006年开始到2019年为止，总计出版70多期《鹭江吟草》杂志，余元钱亲自担任主编，并在每期撰写一篇"习作点评"。通过阅读"点评园地"，学员能够很清楚地知道自己创作过程中哪里存在问题，今后如何克服才能够创作出更好的作品，余元钱首创"点评园地"专栏，在厦门诗词教育界获得了极大肯定。每期《鹭江吟草》诗刊出版后，也会寄送给中华诗词学会，中华诗词学会择优选登优秀学员的作品，这一举措给厦门市诗词爱好者开拓了一方新天地，不出厦门就可以和全国的诗词创作者交流学习。有时候，外地学员在收到《鹭江吟草》杂志后，最先关注的也是点评，以便查漏补缺。后来，在《未名论丛》出版后，也将"点评园地"部分内容结集成册出版。

年有诗集。每年把学员作品汇编成《鹭江唱晚》诗集出版，2017年前后，余元钱将学员们分散的作品集中在一起出版，同时附上学员的简历，此举在厦门市诗教界获得了很大反响。

为弘扬国粹，余元钱在厦门市老年大学开设诗词提高班讲授"对联"与"赋"，把自己50多年来对古典诗词的积累和研究成果毫无保留地传授给学生。虽然已过耄耋之年，余元钱仍然担任三明市诗词学会指导老师，以及《三明诗刊》《紫云山文友群》《麟山枫韵书画微刊》等刊物的顾问。

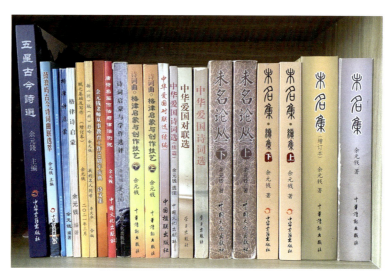

▲ 余元钱200多万字著作中之部分书籍

　　为了挽救濒临绝后的"元曲"，在老年大学三个班学员繁重的教学工作之余，余元钱仍然苦心钻研"元曲散曲"，为此编写了《散曲讲义》，开创了福建省老年大学"散曲"教学之先河。

　　在余元钱的观念中，继承是基础，创新是方向。余元钱常常对初学者强调，学习诗词，首先要继承。所谓继承，就是继传统之宗，承传统之脉，对历代所传之统，如唐之诗、宋之词、元之曲所要求的方方面面必须有明晰的了解和娴熟的把握。创新，多是指内容，要在内容上有新思维、新情感、新意识，与时俱进，即诗（广义之诗）体要继承，内容可创新，二者不可混而论之。诗体可以创新，如词之于诗、曲之于词一样，但绝不可以在"七律""沁园春""越调·天净沙"等诗词体系上搞所谓"解放体"，不伦不类，并非创新，而应该杜而绝之。

　　余元钱认为，当代诗词总体热闹有余、冷静不足。所谓"冷静不足"，即深思熟虑的精品之作不多。弊端在于只重视创作，而忽视诗论的引导。比如《诗词》报开设《艺丛》，又新设《诗词月旦》栏目，这都是重视诗论引导的创举，甚好。然而，又感"分量"不够，《诗词月旦》某些评点，有"语焉不详"之感，评者心中的妙悟，未具而体之，一般读者依然如雾中看花，终隔一层。他认为，如果能够每期或一诗，或一词，或一曲，解稍细，析稍详，并加进一些理论性的指导，效果可能会更好。

对于厦门市老年大学的学员而言，最不缺乏的就是创作的热情，而年龄大、记性差是困扰学员们学习诗词创作的大难题。余元钱结合自己多年的教学工作经验，在诗教上下了大功夫，总结出一套适用于老年大学学员"因人施教"的好办法。

第一，把教室搬到户外去。老年大学的学员一般是离退休的老干部，也有多年的工作经验，余元钱首创把诗词集中授课与校外研学相结合，开设楹联课。多次带领学员深入厦门传统历史文化街区、风景名胜区、公园等地，通过田野调查、实地考察的方式，带领学员们学习楹联知识，了解厦门的历史典故，挖掘出丰富的创作素材，极大地拓宽了学员的创作视野。余元钱毫无保留地调动自己多年积累的教学资源，以各种征联比赛为契机，调动学员们的创作热情，将入围的优秀作品集中点评并提炼创作亮点和特色向学员讲授，使得学员深受启发。他还带领学员到大田、仙游、沙县等地采风，并与各地诗社及老年大学开展创作交流活动，学员们受益匪浅。

第二，倡议网络交流与名师指导相结合。在余元钱的倡议下，建立了四个网络学习平台，即"同芯群""玉成群""新绣梓群""联润丰吟草群"，用以发表学员的作品及开展诗词评议、诗教互动工作，提高学员的

▲ 2019年，余元钱与吟朋书友在切磋诗情书韵（从左至右：刘成宁、李秋、陈石茹、黄锦勋、陈久麟、许景、余元钱、蔡渊清、涂联友、黄奇煜、邹学英、涂丽仙）

创作水平。为了更好地点评学员作品，余元钱有时清晨四点便起床评诗，"自讨苦吃"的行为使学员们深受感动，也深受激励。

　　第三，提倡学员们用自己手中的笔讴歌时代。余元钱鼓励学员们学习与创作并举，与时俱进，在庆祝改革开放40周年、新中国成立70周年等重大活动中，都提前做好规划，结合诗词楹联课程的教学任务，有重点地指导学员写作时政诗，从选题、立意，到语言材料的组织，均对学员进行系统的创作指导，使学员们在创作过程中能做到有的放矢。在余元钱的带领下，学员们以饱满的创作热情深入厦门的工厂、农村、学校体验生活，从生活中来，到生活中去，用细腻的笔触描绘厦门经济特区改革开放以来所取得的巨大成就，创作出了许多有筋骨、有温度的优秀作品。

▲ 余元钱退休后与孙女、外孙女中秋博饼

▲ 1995年，陈金全教授（中间）从西南政法大学到三明与老同学余元钱一家相聚

▲ 2023年12月17日，余元钱与儿子和女儿两家在中山公园思衡厅思源亭研习其撰写并已铭刻的楹联

时代的歌者

在教学之余，余元钱始终坚持诗词创作，并取得了不俗的成绩。

余元钱自1968年偶然学诗，到1983年《三明报》首次刊登诗作促使其正式开启诗词创作之路，直至2013年《未名集》、2014年《未名集》（增订本）、2023年《未名续集》（上下）陆续出版，先后累计创作了诗词曲

▲ 2002年在北京，余元钱（左）获张维庆点评诗作

▲ 2002年10月1日，余元钱在北大哲学系62级相识相知40周年座谈会上（身后为余元钱杭州于谦祠获奖联，杨秀文书）

▲ 2007年12月2日摄于"海峡两岸（厦门）诗词笔会"上（从左至右：余元钱、台北林恭祖、厦大刘光吟）

联赋1万多首（篇）。对于余元钱来说，学诗五十载，写诗四十载，教诗三十载，无论是2017年出版诗词曲联论著《未名论丛》（上下），还是2022年5月新版对联教材《对联知识入门与创作指南（增订本）》一书的出版，都昭示着他退休后的20多年来，非但没有停止诗词创作的步伐，反而在诗词创作的道路上越走越远、越走越宽，成绩斐然。

余元钱的诗词创作既洋溢着爱国、爱乡、爱亲友的炽热情怀，也充满"烈士暮年，壮心不已"的宏大志向。他的作品带有鲜明的时代性，是时代的歌者，他以诗词记录历史、以诗词书写生活、以诗歌讴歌时代。《喜澳门回归》《甲子马吟十韵——兼怀1894中日甲午战争120周年》《辛亥百年寄两岸》《香港回归感赋》《北京奥运放歌》《建党百年感赋》……仅仅从这些诗词作品的题目上，就可以感受到余元钱忧国忧民、追问历史、直视时代、关注生活的拳拳之心和赤子情怀。

余元钱在为纪念马克思诞辰二百周年而作的《高举旗帜》中写道：

▲ 2018年9月26日，《厦门晚报》报道余元钱

"大树千寻贵有根，长河万里岂无源？皕年真谛开浑沌，八斗新诠立纪元。时代风云今孰御？环球凉热此谁扪？中华幸出经纶手，特色旌旗偕日煜！"诗作紧扣时代精神，揭示了中国共产党在风云变幻的新时期，坚持马克思主义，建设中国特色社会主义的极端重要性。余元钱的诗词大都贴近时代、贴近民生，是历史进程的记录者，是为时代放歌的大诗。

多年来，余元钱的诗词创作始终保持着自我创新的主动意识和对诗词创作文体、文本的探索及实践。从古体诗、楹联、散曲的创作，到20余年的诗词文本，可以看出，余元钱在诗词创作上不断进行着自我革新、探索、创新和提升。任何体裁的文学创作，形式为内容服务，内容依托于形式来表现。同样的内容，如果限定了形式，框定了表现的规则和样式，必然在某种程度上提高了表达的难度。自我加压、自我面壁，体现了余元钱在诗词创作上求新、求变的创新意识。自觉的创新精神，激励着他与时俱进，始终保持着旺盛的创作热情，写下了大量佳作，取得了非常有益的探索和实践成果。

余元钱认为，创作一定要有高远的立意，体现先辈哲人"修身、齐家、治国、平天下"的理念。

创作如何高站位、广视角？余元钱强调对于重大题材的写作，有两种思路：一是以大写大，即鸟瞰法或全方位法；二是以小显大，即聚焦法。前者容易陷入泛论，沦为标语口号；后者，乏其功力者，难以用写"一点红"来体现"无边

▲ 2002年7月23日，《杭州日报》刊登余元钱为于谦祠景区故居楹联征集活动所作楹联

春"，反而陷入琐屑的呻吟，难夺读者之眼珠，难动论者之心曲，终致无功而终。学员们在创作中要尝试选取具有标志性之物，细剖其特征，融进所要反映的重要事件中，以全喻性的咏物法，来创作反映重要事件的诗词。如20世纪90年代初，苏联解体、东欧剧变，有人对社会主义中国的存亡出现种种异音时，余元钱便以《砥柱山》来歌颂中国依然如砥柱山一样屹立于东方的雄姿。1991年为纪念毛泽东《在延安文艺座谈会上的讲话》发表60周年，他便以《颂灯塔》，字面上写的是延安灯塔的高、大、光辉及稳固，实际上却是歌颂《讲话》所具有的崇高、伟大、辉煌及其永恒的生命力。1992年党的十四大召开，新华社电文有"十四大是一座不朽的里程碑"之论，他便以《咏里程碑》来歌颂党代会所取得的成功。2009年中

▲ 张维庆赠送墨宝给余元钱

▲ 余元钱在书法家吴忍成所书《朝宗宫赋》全文前留影

华人民共和国诞生60周年时，便以《五星红旗颂》来歌颂祖国60年来的变化以及所取得的辉煌成就。上述创作既反映了重大的历史题材，又避免标语口号式的说教，以形象出之，以意象收之。如此借物以寄情，有形象，有意象，便有感染力和韵味。这第三种取标志性之物进行全喻式的咏物法，是值得进一步探索和提倡的方向。

在余元钱的创作中也可依稀窥得他强烈的爱国主义情感。如1992年余元钱到访海上明珠南沙群岛所创作的《南沙行》：

万里南沙一望赊，明珠颗颗属中华。

滩丛遗骨书文史，海底沉锚记客槎。

汉耒耕平荒岛棘，唐渔拖碎暗礁牙。

吾民吾土吾疆畛，染指岂容蛇豕耶？

行文中不使用一句口号式的语句，却将文字锤炼得炉火纯青，将思想性和艺术性完美地结合。

从1962年离开故乡莆田起，无论是在三明，还是定居厦门，余元钱总想着为故土尽一份心力，回报一份热诚，多做一些好事情。他时刻关心老家的发展变化，时时惦念家乡的父老乡亲。他所创作、吟颂家乡山山水水的诗作很多，称家乡为"小瀛洲"。1992年返乡途中，他创作了一首五律《车上何岭》：

▲ 2021年5月，余元钱（左二）与乡亲一起走千年古驿道、古寨岭

车沿盘髻道，人上九重天。
胸次浮原阔，心潮逐鸟旋。
岫回风骤满，岭尽日初妍。
还目雾腾处，飘飘浑欲仙。

▲ 余元钱和村副主任余元高一起效仿干农活合影

余元钱还帮助家乡助写村史，为家乡主编了《五星古今诗选》，收集五星村古今诗词联赋作品和诗事雅集佳话，为家乡的文化建设和增强文化自信添砖加瓦。

辛勤付出总会有丰硕的收获。多年来，余元钱先后在《人民日报》

▲ 2023年五一，余元钱在五星村部《五星古今诗选》首发式上

（海外版）、《福建日报》、《厦门日报》、《人民政协报》、《中华诗词》、《诗词》、《当代诗词》、《四海诗声》（美国）和台港澳诗刊等海内外120余种报刊上，发表有关教学和诗艺论文20余万字。出版《格律诗启蒙》、《中华爱国诗词选》、《中华爱国对联选》、《中华爱国诗词选（续编）》、《诗词曲格律启蒙与创作技艺》（上下）、《未名集》、《未名论丛》（上下）、《对联知识入门与创作》、《赋之基础及写作》、《当代诗词曲创作指南》、《诗词曲联点评汇编》、《唐诗名篇作法与律

法例说》、《鼓浪屿古今诗词曲联选萃》等18种20多卷总计300余万字的诗词曲联专著。他的作品和生平，还被《当代中华诗词选》《当代百家律诗选》《当代诗词家大辞典》等50多种典籍收录。

他的作品多次在比较正规的大型诗词联竞赛中斩获大奖，包括农工党主办"回归颂"诗词大赛一等奖，湖南"雷锋杯"诗词联赛一等奖，甘肃省诗词学会、兰州大学中文系，酒泉汉武集团共同主办海内外征联大赛二等奖（一等奖缺），厦门"嘉庚杯"海内外征联大赛一等奖，杭州古运河文化广场征联特等奖等奖项。部分获奖的楹联作品，征联单位经书法家誊写后镌刻悬于名胜古迹处，比如2002年获厦门"嘉庚杯"海内外征联大赛一等奖的作品，经由全国著名书法家刘炳森、钱绍武书成后，镌刻于2008年落成的陈嘉庚纪念馆大门圆柱上。

余元钱至今回想起来都会觉得不可思议，如果不是在当时特殊的时代环境下自己专业是哲学，怎么会沉入诗词而无法自拔。学诗之道、哲学之道各不相同，但是对余元钱而言，虽然二者兼容并包非常不易，但能够以此为契机不断突破自我，也不失为一件幸事。

▲ 　上：余元钱（左）与唐茂祥（右）在陈嘉庚纪念馆两副获奖对联前合影
下左：2005年，余元钱在运河文化广场楹联匾额征集评选活动中荣获"特等奖"
下右：余元钱作品获酒泉汉武集团与甘肃省诗词学会、兰州大学中文系共同主办的海内外征联大赛二等奖（一等奖缺）

骚坛不老松

　　2015年，思明区老年大学创办了诗词班。创办之初，学校想请余元钱任教，但考虑到身体原因，年已77岁的余元钱并不想接手。蓝斌教授和诗词班的班长、原驻军某部副司令居金魁同志邀请余元钱到学校所在地考察，走到学员中间来沟通诗词学习创作。看到学员们学习诗词的热情高涨，但苦于没有胜任教学工作的老师，余元钱也犯了难。余元钱考察诗词班当天，擅长书法的同学在黑板上抄写了诗词名家的诗词进行朗诵，班级现场的氛围非常热烈。在座的学员们原本都是各个领域的精英，退休后因为对诗词的热爱会聚在了思明区老年大学诗词班，他们用期待的目光投向余元钱，居金魁代表全体学员，以部队行军礼的形式向老师表达敬意，余元钱大为感动，便点头同意了。

▲ 上左：厦门市诗词学会第七次会员大会上余元钱（中）与诗词学会会长练欢（右）、厦门市文联副主席陈春洋（左）合影
上右：余元钱（右）与市政协副主席李金龙伉俪在重阳节合影
下左：余元钱获十佳教师后讲课留影
下右：2021年鹭江吟社全体理事登门慰问（从右往左：喻群、陈玉顺、陈天壮、郑红祥、洪美英、余元钱、郑雅蓉、杜书雅、曾才明）

　　思明区老年大学作为一所区级老年大学，条件比市老年大学自然逊色不少，但在余元钱老师的带领下，仍取得了不俗的成绩，黄锦勋、陈天壮、许景、郑红祥等4位学员陆续出版了诗词集，其中，学员许景还在国内外刊物都发表了诗词作品。从浙北偏远的乡村中学到三明一中，从三明老年大学到厦门老年大学，余元钱始终辛勤耕耘、兢兢业业，"金声白雪三千赋，红烛丹心五十秋"，为福建省诗词楹联创作领域培养出不计其数的后备人才，并先后被授予"优秀教师""十佳优秀教师""先进工作者"等称号。

　　时间来到2018年，这是余元钱从事教育工作的第50个年头。尽管一向低调的余元钱一直推辞，但市老年大学诗词学会还是为他举办了从事教育工作50周年庆典。在"余元钱老师从事教育工作50周年学术研讨暨座谈会"上，厦门市老年大学校领导对其诗教生涯给予高度评价："甘当寸炬成灰烬，照得满庭桃李荣。"

▲ 上：余元钱与杭州老学生们合影（余元钱：右四）
　　下：余元钱老师从事教育工作50周年庆典大合影（余元钱：第一排右十）

▲ 许景会长在余元钱从教50周年庆典上做主旨 ▲ 余元钱（左一）在从教50周年庆典上
发言

　　这次庆典活动还为热爱诗词创作的学员提供了来自杭州、广东、三明等全国各地的诗词爱好者交流学习的平台。

　　离开三明多年的余元钱一直关心着第二故乡的诗词创作的发展。2018年10月11日，三明市在麒麟诗社基础上，筹建"三明市诗词学会"，已经定居厦门多年的余元钱也应邀参加成立大会。遥想1988年麒麟诗社创立之初的艰难求索，余元钱不由感慨万千，有诗为证：

寒窗孤月夜深移，五彩诗笺满座披。

东捡西翻求好稿，字斟句酌定佳词。

朱毫点处开谁窍？白发看时添几丝？

倘若不亲临此境，个中甘苦讵堪知！

▲ 余元钱（右）与书法家叶水湖（左）聚会合影 ▲ 2018年北大120周年校庆，余元钱（第一排右三）与
老同学合影

▲ 余元钱（右二）与福州老年大学师生在芙蓉园

2020年，应三明市诗词学会之邀，余元钱根据自己所收集整理的资料撰写出《三明当代诗词复兴梗概回忆》长文，填补了因年代久远而缺失的三明诗词历史沿革、发展的一段空白。

2021年，已是耄耋之年的余元钱不得不退居二线，由其学生黄锦勋接替思明区老年大学的诗词教育工作。

有人问余元钱："您是学哲学的，为什么要去研究诗词？"余元钱说道："中华诗词举世无双，是我们的国宝，历代受到诗词熏陶而为国家、为民族做出牺牲和贡献的不乏其人。国粹、国宝，不能到我们这一代就断了，传世无人了，我们应该继往圣之绝学，用平仄弘扬国宝，以真情陶铸灵魂，这是作为热爱自己国家的人责无旁贷的事情。我今年85岁了，有这么一个初心，从现实说，现在很多离退休干部和老人有不少过去没有机会学习诗词，退休就很想学习，但有的人求学无门，我们应该满足这部分人的需要，我们应该为这些人提供帮助。"

被人们誉为"骚坛不老松"的余元钱，始终坚持"为骚界立心，为诗词立命，为国粹传薪火，为千古弘葩经"的信念，自称是"不改乡音，不务正业，不求上进"的"三不"人士。"不改乡音"是他对故乡的爱，是他炙热的家国情怀，是深深扎根于福建这片热土、源源不断创作出诗词楹联精品的初心；"不求上进"是他甘当铺路石，是他蜡炬成灰泪始干，不计报酬为诗词教育默默耕耘五十载的奉献精神；"不务正业"是他在政治教学繁重忙碌的工作之余仍然笔耕不辍的真实写照。

他不仅为老年诗教做出重要贡献，还为青少年诗教四处奔波，不顾年老体衰，亲自赴三明华昌中学、林业技校、永安一中、仙游榜头中学、厦门一中开展诗教工作；赴西南政法大学等高校开办诗词讲座；与集美区诗词学会开办诗词讲座，团结和带动福建地区的诗词创作者始终保持旺盛的创作活力。

余元钱将诗词融入自己的生命，诗词创作成为他自然的生活状态。他不仅自己热爱诗词，专注于诗词创作，同时以强烈的社会责任感和对诗歌事业的使命感引领、带动和影响着三明、厦门乃至福建数代诗人的培育和成长。他在自己的诗词创作中始终保持着对真善美的歌颂，同时也为三明、厦门乃至福建省诗词教育的繁荣发展呕心沥血、无悔地付出。为此，北京中华诗词学会周文彰（弘陶）先生曾题词"诗意人生"为之褒奖。女诗人凌子（洪碧玲）也欣然题词"骚坛常青树，诗教先行者"，这是对他一生为诗词创作和教育所做出的成绩的赞誉和鼓励。

▲ 上：洪碧玲（原厦门市委副书记）赠送余元钱（左）"骚坛常青树，诗教先行者"影雕作品
下：余元钱（右四）受赠影雕作品揭牌仪式合影

▲ 上左：余元钱与老年大学领导及部分学员合影
　　上右：余元钱（右三）与其最小学生史严瑾全家合影
　　下左：余元钱（左二）在许景《红叶丹心》首发式上合影
　　下右：2023年，厦门市楹联诗词大会上，余元钱（左）、林坤山（中）、彭一万（右）合影

第二辑　作品

《人生鸿爪》六十咏

余元钱

(一)

困守钱塘感赋

困守钱塘十四春①，依然清苦寄孤身②。

吃乌吐奶虽无怨，画地为牢究误人。

霜鬓几丝惊岁暮，云程九叠叹时辛。

扶摇何日重抟起，伫看青霄鹭羽振③？

1982年3月23日

【注】①十四春：1968年9月被分配到浙江余杭永建中学至此时已历十四春秋。②寄孤身：妻孥在闽，两地分居多年。③振：此读平声，见《诗韵合璧》。

(二)

归闽遣兴

由南①而北北而南，谲诡云程孰可权？

才试乡闱曾出众，学求京阙亦居先②。

岂知内乱③惊书梦，又置前途困教鞭。

暮景催人归故梓，霞光可否染霜天？

1982年11月7日

【注】①"由南"句：1962年9月由仙游赴北京；1968年9月毕业被分配至浙江余杭永建中学；1982年11月再调回福建三明一中。②"出众""居先"句：1962年高考，全国招生10万，本人以总评成绩89分被北大哲学系录取。③"内乱"句：1966年

5月25日由我系党总支书记聂元梓等7人所写的所谓"第一张马列主义大字报"而诱发的"文革"内乱，惊破读书梦，造成无穷祸害。

（三）

寒假回沽洲①随诸侄进山拾柴

入林谋火趁还能②，诸侄③前攀我后登。
蹑足荆丛寻朽木，快刀枝格④劈枯藤。
捆成正午饥难耐，负在中途力不胜。
今日虽劳心觉趣，桩桩重现少时曾⑤。

1985年2月15日

【注】①寒假回沽洲：父母去世之前，每年或暑假或寒假都要回老家沽洲探望双亲。②还能：其时虽年过不惑，但还能从事体力劳动。③诸侄：指胞弟之子永忠、永廉、永健、永东。④朽木：枯老之树；枝格：突出的枝条。⑤少时曾：少年时曾经做过之事；余出生山区，常要帮家里做些拾柴挑担之事。

（四）

咏山菊

——纪第一次发表诗作五周年

【小序】1984年秋，应余杭永建学生钱胜华之约，赋七律一首。付寄之后，存稿掷于《三明日报》，承蒙垂青，变墨字为铅字，从此广拓诗径，年年得以在20多家报刊上交选发表诗作。屈指迄今，恰值五周年，特赋小律一首以纪之。

山菊逢时雨，萌生恰五秋。
枝初绿天苑，花待艳春洲。

甘露收滋润，严风防践蹂。

晨昏勤抱瓮，不负赐青眸。

1989年10月1日

（五）
王老诗贺高考居首步和谢之

半生碌碌敢矜功？蒙老褒扬脸赧红。

尺木①舒荣缘上雨②，百花吐艳仗东风。

欲勤芸室求三昧，却愧鳣堂③悭六通。

于后祈师多课拙，焚膏当继日瞳瞳。

1990年3月2日

【注】①尺木：径尺之木，喻大材。语见《三国志》。②上雨：及时雨。本《公羊传》。③鳣堂：讲学之所。典出《后汉书》。

【附】王（文淡）老原作：

余君元钱所任政治科高考居全省之冠诗以贺之

树人任重费深功，一颗丹心火样红。

日久年长流汗水，桃娇李艳笑春风。

鳌头独占芳名著，骥足纷驰大道通。

为国育才传捷报，喜看晓日正瞳瞳。

【按】王老，原系仙溪诗社社长。

（六）

但愧鳌头高未占

——首届全国诗赛①仅获二等奖感赋

承蒙座主②惠青眸，拙作居然榜上收。

但愧鳌头高未占，幸凭骥尾远从游③。

雄关竞道真如铁，才海亦嗟难觅舟。

领异标新恒自砺，燃藜更上一层楼。

1991年8月12日

【注】①首届全国诗赛于1991年金秋由黑龙江牡丹江市诗词学会主办。乃诗词复兴以来第一次全国性诗词大赛。②座主：唐代进士称主考官为座主，此指评委。时任评委有《诗刊》社副主编杨金亭（现任《中华诗词》主编）、国家教育出版社总编刘征（现任《中华诗词》名誉主编）、《人民日报》国际部主任程光锐等。③远从游：获二等奖作品为《沁园春·谒中山陵》，此词后入选北方文艺出版社《一代风骚》，并被《诗刊》等10多家刊物转载。

（七）

酷暑编著《近体诗格律讲义》告竣聊赋

挥毫伏案却炎氛，敢效鸡窗著述勤。

书海深潜求璧彩，翰园遍涉采兰熏。

咀英更欲华长嚼，继晷乐将膏尽焚。

屈指驹光经匝月，临风展卷倍心欣。

1993年8月31日

【注】此讲义原为三明市老年大学诗词班编写，后扩充为中学生诗词选修课教材，易名为《格律诗启蒙》，经初版和再版计六千册，已流传全国各地。部分章节被广东曹杜荣编著《诗词格》、李文广编著《诗萃风骚》和湖北许浒编著《今古诗韵》采用。

（八）
接赴台参加十五届世界诗人大会^①请柬有赋

鸿笺袅袅自蓬莱，笑属忽于圭窦^②开。

久慕宝方常不寐，将酬夙愿却难裁。

五洲来尽经纶客，一介愧唯樗栎^③材。

待得束装迎朗照，姑临末座且叨陪。

1994年5月31日

【注】①第十五届世界诗人大会于1994年8月27日—9月5日在台北环亚大饭店举行。②圭窦：凿门如圭形（长方形，上尖下方），喻贫寒人家之门户。《幼学·宫室》："筚门圭窦，系贫士所居。"③樗栎：不能成材的树木，喻无才能之人。《幼学·花木》："樗栎乃无用之散材。"

（九）
任《麒麟诗词》执行编辑絮语

寒窗孤月夜深移，五彩诗笺满座披。

东捡西翻求好稿，字斟句酌定佳词。

朱毫点处开谁窍，白发看时添几丝？

倘若不亲临此境，个中甘苦讵堪知！

1995年6月17日

【注】《麒麟诗词》乃三明市诗词学会会刊。

（十）
回闽十五周年感怀

十五霜①经菊又开，纷纭往事尽成埃。

毋提业绩曾居首②，甭论诗情亦占魁③。

黄榜④士人谁与识？白衣卿相⑤究堪哀。

近知⑥同学青云上，天意⑦自高难以猜。

1997年11月7日

【注】①十五霜：1982年11月7日自浙江余杭调回福建，至今恰十五年矣。②"居首"句：1989年所任政治科目高考成绩居全省第一名。③"占魁"句：1997年农工党中央宣传部"庆回归"全国诗词竞赛获一等奖。④黄榜：此指1962年考上北京大学所接到的录取通知书。⑤白衣卿相：柳永词"才子词人，自是白衣卿相"。⑥"近知"句：1962年进北京大学哲学系任班主席，同学张维庆任班生活委员。1997年9月召开中共十五大，张同学被选为中共中央委员，后又任国家计生委主任。⑦"天意"句：杜甫诗"天意高难问，人情老易悲"。

（十一）
甘肃"酒泉杯"重奖征联未能赴颁奖大会谨致遥贺

重奖①征联动五洲，古今孰可与同俦？

酒泉无愧雄风领，汉武有为新局谋。

百二秦关偏策马，三千越甲更催舟。

鲰生②未便躬逢盛，遥祝昆仑壮志酬。

1999年8月10日

【注】①重奖：1999年由酒泉汉武集团、甘肃省诗词学会和兰州大学中文系联合举办的海内外征联大奖赛，设一等奖金三万元，二等奖金一万元，三等奖金五千元，创当时诗联界各类奖赛重奖之最，然，一等空缺，余忝获二等。②鲰生：浅薄无知之人。

（十二）
出席在西南政法大学开幕的中国法律史学会第廿届年会

【小序】1999年10月应全国法律史学会第廿届年会主办者陈金全教授
之邀赴重庆与会。此间，经成都、下三峡、转武汉。成《川渝鄂之行》小
诗十有六首，此为应景之诗也。

> 丹枫如火染巴渝，四海迎来夹道呼。
> 济济一堂皆俊士，殷殷廿载奠宏模。
> 谋开法学新天地，共探史章高域区。
> 恭贺风云今际会，更祈跨纪啸於菟。

1999年10月16日

（十三）
由政治科改教诗词课有感

> 为甚彼行迁此行？中华绝学望重光。
> 三年①盱食宵衣过，十郡②苔笺竹素彰。
> 正喜春风多勃郁，但求时雨更周章。
> 杏坛夫子③自堪慰，再不悲嗟吾道亡。

2000年5月26日

【注】①三年：福建三明一中自1997年起开设诗词选修课，本人由政治科改教诗
词课，迄时已整三年矣。②十郡：学生习作截至2000年5月已在北京、广东、广西、湖
北、陕西、黑龙江、安徽、福建等11个省、市、区21种报刊发表501首次。③夫子：
《家语》：孔子往观获麟泣涕沾襟，曰"吾道穷矣"。此双关语。

（十四）
福建三明一中获"全国诗教先进单位"有作

中华学会喜垂青，我校恩蒙晋典型。

毋负年来勤映雪，当思日后更囊萤。

过河摸石诚堪恃，逆水行舟贵不停。

天外有天今古训，关山再越始从零。

2000年9月28日

【注】2000年9月24日—28日中华诗词学会在深圳召开"让诗词走进中小学校园"全国诗词研讨会，本人代表三明一中在大会上做诗教工作的发言。在这次大会上中华诗词学会授予我校等全国四所中小学（其他分别为深圳南头中学、湖南澧县一中、江苏高邮川青小学）为第一批"全国诗教先进单位"。

（十五）
参赛为求素志申
——参加"施琅杯"①诗词竞赛颁奖大会感赋

自古文章难润身，雕虫小技更非珍。

应征岂为重金得？参赛唯求素志申。

国祚民忧长入梦，骚魂诗运总撩人。

冀同啸月拿云士，弘雅扬风净世尘。

2001年10月1日

【注】①"施琅杯"海内外诗词大奖赛由中华诗词学会、福建省作家协会、《福建文学》编辑部等联合举办。分新、旧体两个组别，各设一等奖金五千元、二等奖金三千元、三等奖金一千元。本人获旧体诗组二等奖（该组一等奖空缺），并受邀参加9月29日—10月1日在晋江市帝豪大酒店举行的颁奖活动。本人获奖诗作为《重读〈告台湾同胞书〉有寄》二首七律。

作品

（十六）
参加杭城诗教经验交流会重游西湖咏

【小序】2002年4月21日至26日，本人代表福建三明一中出席在杭州举行的全国首届诗教先进单位经验交流会。会后重游西湖和曾任教的余杭各地，景触而情生，成作38首，其中咏西湖二题，此录《湖滨晨览》一律。

柳堤凭倚雨初停，雾色未开湖半青。
保俶塔擎方欲起，小瀛洲睡待催醒。
低昂彩舫明还隐，颉颃轻鸥拙却灵。
过往匆匆遥迩客，如斯晨景几曾经？

2002年4月24日

（十七）
咏退休后所住厦门文馨园新居

【小序】三明一中退休后，二老随一子一女于2002年8月8日移居厦门，购得一套商品房，诗以咏之。

华堂熠熠向阳开，几许年光方盼来。
位在城心多地利①，梯飞②楼顶近天台。
宜诗宜酒宜书画，容菊容兰容竹梅③。
从此鹪鹩④当不虑，一枝有托自安哉。

2002年8月8日8时乔迁

【注】①多地利：楼盘位于文园路将军祠车站旁，与厦门一中、174医院等为邻。②梯飞：有电梯直通11层楼顶。③菊兰竹梅：古称四君子，此谓容得退隐之士也。④鹪鹩：鸟名，以一枝而为巢安身。

（十八）
谁许白衣卿相称
——迭接获奖联讯聊赋

落魄书生何所能？芸窗伏案伴孤灯。

青春作赋龙蛇梦，皓首穷经魑魅憎。

笔有千言唯苟狗，胸无一策枉营蝇。

纵然金奖多成万，谁许白衣卿相称？

2002年8月25日

【注】迭接：2002年6月29日从《厦门日报》得知，获"嘉庚杯"海内外联赛一等奖、三等奖、优秀奖各一项；7月23日从《杭州日报》获悉有三件楹联获奖并将镌刻在于谦祠景区；8月21日在厦门又从长途电话中得晓，三明虎头山亭联征赛获一项一等奖、一项二等奖。

（十九）
京都聚会有怀

【小序】2002年，乃北大哲学系62级同学上京求学相识相知40周年。应约参加2002年10月1日至5日相关活动，相晤来自九省二直辖市37位老同学。旧地重游之时，握手倾谈之间，情心萌动，成《旅京行吟》64首，此选一首被时任国家计生委主任张维庆引用为祝酒词的七律。

四十年前丹菊开，吾侪八面汇京来。

各怀鸿鹄凌云志，欲展鲲鹏抟雾才。

喜有群星辉九域，岂无严雪傲孤梅？

今看满座多斑鬓，一晤何妨醉万杯！

2002年10月1日

（二十）
为"杨毕奇案展示馆"作

【小序】"杨乃武与小白菜（毕秀姑）"一案，为晚清四大奇案之首，其发生地杭州余杭的有关部门，斥资1700多万元于余杭上坟山，建构一座古朴典雅的"奇案展示馆"，并向诸多学者、专家征集楹联和碑文等翰墨。余不揣谫陋，作五副楹联，撰一纪事碑文，写一篇评改楹联论文，题一首"展示馆"律诗。入选楹联、碑文已镌刻在馆，评改论文也刊在《对联》等杂志上。今特从《中华吟薮》第四集转录七律一首，略示奇案之奇。

平地风波鼠雀争①，逡巡观罢慨横生。
三年不雨红颜厄，六月②飞霜才子惊。
唯恨覆盆相法枉，深寒折狱每刑成。
奇冤旷代何由雪？宵夜乌啼③天外声。

2003年9月9日

【注】①鼠雀争：鼠牙雀角之争，指构讼。②"三年""六月"句：典引《幼学》"齐妇含冤，三年不雨；邹衍下狱，六月飞霜"。③乌啼：《讼狱》"乌啼宵夜，知恩诏之将颁"。指宋代王义庆雪冤之事。此暗指杨毕奇冤之雪，乃高层内争之结果。

（二十一）
选注《中华爱国诗词选》获中宣部学习出版社绣梓而成

振古①中华正气多，浩然②忍使自消磨。
三千年③共风云会，百二篇④皆节烈歌。
尔⑤独心裁弘国祚，我倾腹笥⑥济时和。

终看邺架^⑦添新轴，岂计曾生滉漾波^⑧。

2004年11月10日

【注】①振古：自古。②浩然：浩然之气。③三千年：此为约数。本诗选上起公元前1122年，下迄20世纪末公元1999年，计3100多年。④百二篇：亦为约数。⑤尔：此指中宣部学习出版社编辑部同志。是他们在中共十六大之后，筹划并出版这部历代爱国诗词选，可谓独出心裁。⑥腹笥：藏书之器，以腹比笥，原意喻学识丰富。此仅指笔者胸中之积学。⑦邺架：书架。唐李泌封邺侯，积书最多，故称人书架曰邺架。韩愈诗"邺侯书最多，插架三万轴"。⑧滉漾波：此喻指成书过程之曲折。

（二十二）
为母校师生开讲座纪咏

【小序】2005年元月母校仙游榜头中学60周年校庆期间，应校领导之约，福大博士生导师杨富文校友和本人，在实验楼多媒体梯形教室开两场讲座。杨主讲《科技动态与见闻》，本人主讲《与母校师生共探诗词学习与素质教育》。讲后，余兴未尽，即作一首七律，以纪其概。

梯座层层席不虚，声惊鸦鹊满堂无。
电音通处诗潮起，荧幕亮时文锦铺。
上溯三坟兼五典，下开李杜暨辛苏。
西阳忽觉崦嵫迫，梦思犹飞绕峤壶^①。

2005年1月1日

【注】①峤壶：指员峤和方壶，俱为传说中的仙境。

（二十三）

得不偿失

—— 万元特等奖得后感赋

【小序】2005年9月1日，老同学陈耕心和昔日学生潘国成、沈健龙相继打电话并寄来《杭州日报》《今日早报》《钱江晚报》《都市快报》，说杭州运河文化广场征联，我获得万元奖金的特等奖。十多年来，这虽非首次获奖，亦非唯一的一次万元奖，但毕竟有此新成果，瞬时也颇感欣慰。然，在旁的内荆却有异词，说："你们这些书生只知道千元万元之奖，可否晓得这四五个月间，欲购之房，涨了四五万元，所得岂能偿失？"闻后，为之哑然，有感于斯，特成一律，略抒杶触云尔。

特等万元奖，是欢还是悲？

穷经惊皓首，食蠹误青丝。

偶受春风柳，难同旭日葵。

书生能甚事？徒被笑为痴。

2005年9月2日

【注】《杭州日报》标题为《五湖四海送来楹联匾额，运河广场巧思佳作多多》；《今日早报》为《给古老运河写副楹联，厦门人在杭领奖万元》；《钱江晚报·新民生报》为《运河文化广场万元征得楹联，读一读，蛮美妙》；《都市快报》为《余元钱获对联万元奖》等。

（二十四）

为西南政法大学研究生部讲诗感作

一介平民一腐儒，岂堪凌顶作高呼！

人生得失谁先计？国粹存亡当远图。

忍听吟声时喋哑，宁凭葩苑自荣枯。

而今勉与鳣堂上，试挽春光返碧芜。

2008年10月29日

【注】"讲诗"详情见《诗词启蒙与学作选评》第291页覃勇《歌乐山下诗声飞》一文。

（二十五）
巡览陈嘉庚纪念馆感赋

承天厚待愿终酬，偕友三春圣地游。
馆誉嘉庚名远播，灵钟集美史宏裒。
岂图拙作①轩楹勒，却幸大方②椽笔修。
自憾书生无一策③，雕虫之技愧斯留。

2010年5月8日

【注】①拙作：指镌刻在纪念馆门前大柱上两副应征获奖联。中间一副为："为故乡兴盛，为祖国新生，倾资财于教育，谁是先驱者？曰民族光辉，曰华侨旗帜，获领袖之褒扬，公推第一人。"旁边一副为："以天为幔，以海为襟，天海展青蓝，此地风光焉有二？与国同心，与民同气，国民争俯仰，斯人功德允无双。"②大方：此指书写上述两副楹联的著名书法家钱绍武和刘炳森。③无一策：语出罗贯中《三国演义》第43回《诸葛亮舌战群儒》："惟务雕虫，专攻翰墨，青春作赋，皓首穷经；笔下虽有千言，胸中实无一策。"

（二十六）
允请出任北京"京西稻杯"诗赋词曲联大赛终评评委作

一纸华函出上京，约同大雅任终评。
取何绳墨分厘辨，当以楬橥轩轾明。
欲正宫商与清浊，岂辞五鼓继三更！
尽心规避遗珠憾，六字箴言①乃玉衡。

2011年7月16日

【注】①六字箴言：法眼、铁面、公心。

【附】

书香共稻香

——结缘"京西稻"赋感

【小序】京西稻发祥地，即在今北京大学西墙外康熙帝试耕的畅春园内。予于1962年入北大求学，有幸结缘，感而赋此。

> 五十年前游泮时，即闻墙外穑康熙。
>
> 稻香飘作书香伴，力稼化成心稼师。
>
> 物阜年丰民所本，文兴世盛国之基。
>
> 喜看二美①今兼济，万里京西满赫曦。

【注】①二美：物与文的相互济美。

（二十七）
出席"扬州杯"①全国诗书画大赛颁奖盛典

> 接踵群英至，醉眸隆典开。
>
> 鲜花迎一路，彩帜拥三才②。
>
> 市揆③光临以，京公④鱼贯来。
>
> 人云⑤高格调，不佞幸叨陪。

2011年7月20日

【注】①"扬州杯"全国诗书画大赛，系指中华诗词学会与中共扬州市委、市政府于2011年共同举办庆祝中国共产党成立九十周年诗书画大赛，本人《满江红·南湖颂》一阕长调词获诗词组银奖。②三才：《册府元龟》称唐代李商隐、温庭筠、段

成式"时号三才"。明代胡应麟《诗薮》称明代李梦阳、何景明、王世贞为"海内三才"。此泛指诗、书、画获奖者。③市揆：指出席盛典的扬州市委书记王燕文、人大常委会主任顾浩等党政领导。④京公：指北京来参加典礼的中华诗词学会驻会名誉会长郑伯农，常务副会长李文朝，副会长杨逸明、刘麟子、李树喜、张桂兴，顾问周笃文教授等。⑤"人云"句：有记者云：此次大赛由中华诗词学会和扬州市委、市政府共同举办，创历次大赛之最高规格。

（二十八）
赴荔城参加"三棵树杯"① 颁奖有作

十年②前赴荔，此次又何为？

三棵树情重，一书生感奇③。

诚蒙高格待，殊觉故人痴④。

纵目兰溪⑤阔，清流耀晚曦⑥。

2011年9月27日

【注】① "三棵树杯"系指福建省诗词学会与莆田市文联共同举办为纪念辛亥革命100周年而举行的全国诗词大奖赛，本人的一首五律获二等奖。附获奖诗《辛亥百年寄两岸》。② "十年"句：2001年莆田市诗词学会成立，余应邀与会，迄今恰十周年。莆田，别称荔城。③ "感奇"句：今年7月参加"扬州杯"颁奖典礼，一、二、三等奖获奖者全部应邀赴会，而此次"三棵树杯"颁奖典礼，只邀请部分代表，余作为应邀者，既感其情，又觉奇异。④故人痴：未曾谋面之陈金春诗友特从福州来莆相晤，胞侄余永健、余永东，表侄林群标亦从仙游、莆阳各地来旅馆会面。⑤兰溪：横贯莆、仙两县的木兰溪。⑥晚曦：夕照也。叶剑英《八十书怀》："老夫喜作黄昏颂，满目青山夕照明。"

【附】"三棵树杯"获奖诗：

辛亥百年寄两岸

丙丁①频古国，辛亥露新空。

三楚洊雷②发，九州平野隆。

天焉间晴雨，地复杂荆蓬？

何日八弦一③？携同啸舜风④。

2011年5月24日

【注】①丙丁：代指灾患、祸乱。南宋柴望著《丙丁龟鉴》，列举秦庄襄王以后至晋天福十二年之间，灾祸发生于丙午、丁未者多达21次。故，古人迷信，以为丙午、丁未年为国家发生灾祸的年份。丁属火，色红，未为羊，故称国家祸乱、灾患为"红羊劫"。或谓午属马，因称丙午为赤马。元代袁桷诗："红羊赤马患沧海，白虎苍龙俨大庭。"②洊雷：相继而至的雷声，此指武昌首义枪炮声。洊（jiàn），再，一次又一次。③八弦一：西晋张华《西晋乐歌》："八弦一，六合宁。"此指国家大统一。④舜风：即薰风。白居易诗："湛露浮尧酒，薰风起舜歌。"传虞舜弹五弦琴造《南风》诗："南风之薰兮，可以解吾民之愠兮。"

（二十九）
香港诗友采真与翔飞二对伉俪来厦门雅聚草成十韵书怀

时来花吐艳，客至宅生光。

契合①由高抱②，雅开源热肠③。

香江江有月，鹭屿④屿无霜。

双惠南薰曲⑤，重期北海觞⑥。

诗魂关社稷，吟坫⑦证沧桑。

矻矻⑧葩经⑨探，乾乾⑩骚运匡。

四知⑪恒自砺，三省⑫贵同襄。

白屋⑬怀忧乐，朱门⑭懒否臧⑮。

梅寒⑯馥弥远，松老⑰气犹昂。

携手鳌峰⑱上，拏云⑲俯宋唐。

2012年3月31日

【注】①契合：融洽、投合。朱熹《答吕子约书》："自是无缘得契合。"②高抱：高洁之胸襟、怀抱。陆龟蒙《和袭美寄怀南阳润卿》："高抱相逢各绝尘。"③热肠：热心肠。本"古道热肠"。形容待人真诚、热情。④"香江""鹭屿"一联本李白"待月月未出，望江江自流"之句式。⑤南薰曲：旧传虞舜造《南风》诗："南风之薰兮，可以解吾民之愠兮。"⑥北海筋：东汉孔融，鲁人，字文举，曾为北海相。他失势居家，宾客常至，谈论之间，常曰："座上客常满，樽中酒不空。"有寿联曰："尊开北海，寿比南山。"⑦吟坫：即吟坛。柳亚子诗："中原盛坫坫。"坫（diàn）：土台；屏障。⑧矻矻：勤奋不懈。《汉书·王褒传》："劳筋苦骨，终日矻矻。"⑨葩经：《诗经》之谓也。韩愈《进学解》："《诗》正而葩。"葩，华美。⑩乾乾：自强不息。《易乾》："君子终日乾乾，夕惕若厉，无咎。"⑪四知：《后汉书·杨震传》："王密怀金十斤遗震，曰：暮夜无知者。震曰：天知、地知、子知、我知，何谓无知？"喻清廉自守。⑫三省：《论语·学而》：曾子曰："吾日三省吾身：为人谋而不忠乎？与朋友交而不信乎？传不习乎？"从三个方面反省自己过去的言行，有无过错。⑬白屋：茅屋。杜甫诗《临邑舍弟书至苦雨黄河泛溢堤防之患簿领所忧因寄此诗用宽其意》："白屋留孤树，青天失万艘。"⑭朱门：富贵之家。杜甫《自京赴奉先县咏怀五百字》："朱门酒肉臭，路有冻死骨。"⑮否臧：否（pǐ），恶；臧，善。此作动词解。⑯"梅寒"句：本于元代高明《琵琶记·旌表》"不是一番寒彻骨，怎得梅花扑鼻香"之意。⑰"松老"句：本陆游"护丹松老卧苍龙"和顾炎武"苍龙日暮还行雨，老树春深更著花"之意。⑱鳌峰：在厦门集美。集美鳌园有联曰："贞砥表乡闾，好并鳌峰留胜迹；名区成画本，喜看园冶有新编。"⑲拏（ná）云：犹凌云，喻志向高远。李贺《致酒行》："少年心事当拏云，谁念幽寒坐呜呃。"

（三十）

集古诗：自况（外一首）①

竹径桃源本出尘，　（崔湜《奉和幸韦嗣立山庄应制》）

世间难得自由身。　（罗隐《寄第五尊师》）

月圆月缺千年月，　（谢朓《中秋》）

春度春归无限春。　（卢仝《人日立春》）

万壑有声含晚籁，　（王禹偁《村行》）

五湖乘兴转迷津。　（戎昱《戏赠张使君》）

老逢佳景唯惆怅，　（元稹《寄乐天》）

白发如丝日日新。　（李商隐《春日寄怀》）

2012年6月4日

【注】①此诗乃主作《呈北大同窗俞荣根教授》之后，有感于自身之生涯而集古诗以自况，故以"外一首"附之。主作《呈北大同窗俞荣根教授》全诗及注释附下。

呈北大同窗俞荣根教授
——披览惠寄二巨著感作

同出乡村①一土娃，君能上向我低划。

七旬政学②双臻美，卅载诗书③半落差④。

儒者风仪名法界，西宾岁月窘生涯。

两缣⑤阅罢沉吟久，志在高山道自遐。

【注】①同出乡村：俞出生于浙东宁（波）绍（兴）平原的诸暨县农村。余出生于闽兴化（莆田与仙游）地区的山村。②政学：俞既从政亦从学。③诗书：余从诗从教（教书）各历三十年。④落差：此与常用词"落差"含义不同。⑤两缣：指俞自撰《路——人生文集》和师友贺寿文集《法学名家的儒者人生——贺俞荣根教授七十寿诞文集》二书。

（三十一）
代拟系庆贺联聊赋

【小序】北大哲学系100周年系庆，京城杨庆文等老同学，命我为62
级全体同学代拟贺联，事毕书此纪怀。

奉命代书书贺联，枯肠俭腹任堪肩？
五更难寐频灯启，一字未安犹笔悬。
忽觉犀通开韵窍，自惊神助涌诗泉。
六笺[1]草毕呈诸彦，闻得衷言[2]慰寸田。

2012年9月2日

【注】①六笺：即六副《北大哲学系100周年系庆贺联》，今全录如下：（一）百
年戴月披星，师往圣，传绝学，矻矻然，为天地立心，为生民立命；八表登高行远，
撷西云，揽东风，乾乾也，与两间树木，与万世树人。（二）经风雨，历沧桑，喜百
年学苑，璀璨群星争拱北；集古今，融中外，看六合哲潮，奔腾万派竞朝东。（三）
庆系诞百年，数学子莘莘，皆抱凌云志；恰泮游五秩，念吾侪切切，幸酬立雪心。
（四）博雅惠春风，群材欣栻朴；勺园施化雨，渥泽煦蒲卢。（五）溯桑海百年，
传道宁忘朱子鹿？望蕙蘭九畹，树人尤仗祖生鸡。（六）哲门桃李竞芳菲，皆缘博
雅塔普施雨露；学海鱼龙能变化，自是未名湖深蕴风雷。②衷言：陈全金、胡纯和
等同学等评语，（见《联苑诗坛书简二则》附3、附1。载2012年第3期《鹭江吟草》
第110页）

（三十二）
北大哲学系100周年系庆暨62级入学50周年相聚感赋

忆昔心童今鬓斑，万千思绪绕关山。
几番风雨几番悯，一路荆榛一路艰。

幸有未名湖伴梦，岂无博雅塔怡颜？

百年哲苑五旬探，共眺崦嵫冀再攀。

2012年10月22日

（三十三）
仙游一中62届毕业50周年联谊重游母校校园作

五十春秋①弹指间，重游难觅旧时颜。

顶天阁②杳群楼起，立地轩沉新馆环。

戛石声宏宏九土，敲金韵远远三山。③

盘桓未尽思潮涌，龙虎榜巅谁更攀？

2012年11月3日

【注】①五十春秋：1962年毕业离校迄今恰为50周年。②顶天阁：原为朱子讲学旧祠；立地轩：原为一平房教室，今均已不存。③戛石、敲金：仙游一中校训之一，以镂金攻玉之铿锵悦耳声，喻勤奋攻读之琅琅书声；勉励学子志于修，以锲金琢玉之功，立志成才成器。九上：即九州，指全国。三山：传说东海中方丈、蓬莱、瀛洲三神山，言极远之地方。

（三十四）
忝获客座教授之聘抒感

【小序】2012年11月14日至19日，余应三明市和永安市老年大学之邀，开三场诗词曲讲座，并用两下午时间与受听者座谈。在讲座将竟之际，校领导亲自为余颁发客座教授聘书。李长生校长在百忙中，还拨冗亲临课堂听讲。三明市老年大学，不惜耗费大力，不远千里，从厦门召余回三明讲课，如此尊师重教，实属高瞻远瞩之举，感佩于衷，特草此书怀，并表谢推毂①之隆情。

69

聘书一帧掌声颂，谁使满堂开笑颜？

推毂之恩长史水^②，居坛其责重麟山。

融融时雨润枝绿，袅袅春风催蕊殷^③。

深仰高瞻纤策者，复教夕照艳尘寰。

2012年11月20日

【注】①推毂：喻助人成事，或推荐人才，如助人推车毂，使之前进。《幼学·人事》："多蒙推毂，谢人引荐之辞。"②史水：三明沙溪河别称史水。麟山：即麒麟山，在三明市区。③殷：此读yān，朱红色。

（三十五）
甲午中秋省艺协"赏月吟诗"讲座有作

省垣开讲座，临下^①敢心安？

阐道非容易，传经看色难。^②

班门今弄斧，石室^③且偷丹。

诚望高明者，匡予坐井观。

2014年9月5日

【注】①临下：省略"居高"二字。②"容易"对"色难"为借对。③石室：多义。"石室丹"见《诗韵合璧》。

（三十六）
西湖国宾馆^①八号楼^②品韵
（《品读刘庄》十五首之三）

八乃祥之兆，楼今与我双。

行吟无乱耳，赏景有明窗。

三宿③醒闽客，几时移鹭江？

映波游月下，树羽望幢幢④。

2014年11月14日

【注】①西湖国宾馆即刘庄，乃近代刘学询所建，人称"西湖第一名园"。其中的"一号楼"，曾是毛泽东、周恩来以及外国元首住过之楼。1953年，毛泽东在此住三个半月，起草新中国第一部宪法。1972年，周恩来与基辛格在此谈判，产生了《上海公报》。②八号楼位于三号楼与四号楼之间，隔草坪与一号楼相望，临水而居。③三宿：2014年11月11日至13日笔者共留住三宿（xiǔ）。④幢（chuáng）幢：形容羽饰繁盛。张衡《东京赋》"树羽幢幢"。

（三十七）
仙游蜚山诗社创作交流基地于东门茶坊挂牌，
拈得"墨"字，成八仄韵五排以贺尔！

何岭凌口峧，兰溪生丽色。

丕承古邑贤，肇起新芘栻。

严节值如年，嘉宾临似织。

一堂风雅喧，四处珠玑饰。

幅幅美林川，缱缱关社稷。

争倾屈宋才，笃学阴何德。

东肆茗飘香，西山日行昃。

犹挥五彩毫，欲罄三江墨。

2015年12月30日

（三十八）

读《福建老年报》2016年3月22日
《老骥伏枥，志在千里——记诗词班余元钱老师》一文有感

其一

深谢安康^①义，投文省报刊。

何能操井臼^②，甚德受芝兰！

字字箴言铸，行行褒语攒。

更阑辄三省，踯躅岂心安？

其二

回溯诗词路，联翩万缕情。

卅年^③为弟子，廿载^④作先生。

漫说甘和苦，浪收誉与名。

权将作鞭策，晚照借前行。

2016年3月25日初稿，26日补作

【注】①安康：乃厦门市老年大学康章炳老同志之字号。②井臼：此代指教务。③卅年：1968年开始学诗，已40多年了。④廿载：1993年起从事诗词教学迄今，亦有20多年了。

（三十九）

愧鲜涓埃酬老骥

——荣获思明区老年大学2015—2016年度优秀教师奖感言

证书一纸贴心胸，自忖何能何德从？

愧鲜涓埃酬老骥，唯余辉热报龙钟！

尽心合与夕阳挽，奋力姑添湛露浓。

不叹崦嵫斜日迫，绝踪穷处是巅峰。

2016年9月12日下午

（四十）
《用典十法》^①讲座纪咏

漫云传秘授，唯效育菁莪。

故典箴言几？旧辞精髓何？

溯沿经与纬，辨识正和讹。

起看风骚士，眉端泛笑波。

2016年11月18日

【注】① 《用典十法》讲稿全文见2016年第4期《鹭江吟草》第108—116页。

（四十一）
获厦门市老年大学"十佳教师"荣誉称号感作

日迫崦嵫何所求？桑榆欲挽共春秋。

十年^①设帐传薪火，几夜伴灯探索丘^②！

自愧金针悭与度^③，敢望玉楮^④满歌讴？

惟将迟暮余晖献，效作赏音孺子牛。

2017年9月13日

【注】①十年：2004年起任教厦门市老年大学诗词课程，迄今十有三年。②索丘：此指《八索》《九丘》。③金针悭与度：金针度人。金代元好问《论诗》："鸳鸯绣出从教看，莫把金针度与人。"④楮：纸也。《幼学琼林》："纸号楮先生。"玉楮：此代指荣誉证书。

（四十二）
得维庆老同学墨宝作

双幅^①徽宣上，几多心力蠲！

龙飞凌斗宿，凤舞邈霞天。

楮底云烟护，毫端雨露悬。

何欣秦墨②赐，窗谊老弥坚！

2018年8月9日

【注】①双幅：今年乃北大校庆120周年，予作《北大母校120周年赋贺》一律，5月4日校庆当日，维庆当即书之，赠予由京带回厦门。今年亦是予从教50周年，予又作《从教五十周年感怀》一律，承蒙允承，维庆又以简体和繁体反复书写后由京寄我。近日将双幅一并裱褙，悬于客厅，以作纪念。②秦墨：乃维庆书法笔名。维庆，张姓。原为国家计生委主任，中共十五、十六届中央委员，退休后，钟情于书法，他是陕西籍，故名曰"秦墨"。

【附】两幅书法释文

一、《北大母校120周年华诞赋贺》释文

者番幸又晋燕园，思绪万千勾襄魂。

海变桑迁双甲子，时趋潮领一乾坤。

鹤卿胸许龙蛇集，几道气堪风雨吞。

我信未名湖畔塔，敢同五岳列为尊！

2018年5月4日

二、《从教五十周年感怀》释文

半百时光若疾骖，窃惊皤发忽鬖鬖。

任凭苜蓿微尤薄，唯盼芳菲青胜蓝。

难耀居诸惭许烛，虽粗桑柘乐为蚕。

平生不擅春风柳，者慰孳孳吾道南。

2018年5月4日

（四十三）
从教五十周年庆典纪咏

【小序】今年乃予从教五十周年（1968—2018）之纪年。厦门市老年大学为予举办"余元钱老师从事教育工作五十周年庆典"。杜明聪校长出席并发表主旨讲话。洪若传副校长、魏冲宇专委会主任、万良军教务主任、石秀玲专委等校领导出席庆典。从杭州、广东来的教师、学生，从永安来的作家、诗人，原三明一中校长吴锦裕，母校仙游一中老师周成勖，北大老同学范泓、校友严建洪，仙游一中厦门校友会理事长唐茂祥，以及厦门市诗词学会、楹联学会代表和仙游一中59级老同学，老年大学诗词班前后多位班主任，市老年大学和思明区诗词班学员代表等，济济一堂出席了庆典。《海峡导报》和《厦门晚报》记者，或以人物专访，或以现场采访，参与了庆典活动。老年大学诗词学会许景会长主持会议、副会长兼秘书长涂丽仙代表学会献花，杭州、厦门两地新老学生、学员献了画屏、匾幅。整个庆典自始至终洋溢着热烈、欢乐、温馨气氛。为此特赋一律以纪焉。

华堂熠熠满晨曦，胜友如云光典仪。

仰仗杜公①明主宰，还凭许彦②善操持。

敢言宾尽东南美？唯愧吾悭雨露滋！

五十沧桑何所慰？三千桃李正芳蕤③！

2018年9月15日

【注】①杜公：指老年大学杜明聪校长。公，尊称也。②许彦：指老年大学诗词学会许景会长。彦，有才学之人，此代称会长。①芳蕤（fāng ruí）：晋代陆机《文赋》："播芳蕤之馥馥，发青条之森森。"

（四十四）
随省老艺协"美丽福建看厦门"
采风行吟系列诗选（十一选二）

《采风行之一》开幕式：

薰染感华章——题黄老文麟"鹭岛金光"翰墨

【小序】福建省老艺协"美丽福建看厦门"采风团于2018年11月5日下午在厦门市庐山大酒店五层熙庐厅召开对接会。会上，福建省委原常委兼秘书长、省老艺协《美丽福建》编委会主任黄文麟老领导献示"鹭岛金光"亲笔手书，全场为之欢动，特题此以纪焉！

> 雨霁天清丽，花浓秋盛装！
> 庐山迓珠履，鹭岛发金光！
> 颖脱风云集，缣开虹霓彰。
> 吾侪诚至幸，薰染感华章！

2018年11月5日

《采风行之十一》采风团结束行程作——五日胜三秋

> 缘深随省艺，一路采风行。
> 锦色转眸易，新潮移步生。
> 沧桑何足喻？鼎革已先明。
> 五日三秋胜，倾心仰鹭城！

2018年11月9日

（四十五）
参加厦门大学海外教育学院/国际学院"中国日"文化节作

【小序】本月21日应邀参加厦大"中国日"文化节，与亚非欧多国留学生一道观赏中外戏剧，以及特具中国特色诗词书法等传统艺术活动。互动互学，和谐相处。有感于当下国际风云，特赋此五排云尔！

缤纷中国日，文化绽奇葩。
目悦古今剧，耳新中外笳。
丹青出河岳，翰墨走龙蛇。
黄黑白三色，亚非欧一家。①
风云凭变幻，星斗任横斜。
四海和谐建，嗤之侵鼠牙②！

2018年12月23日

【注】①第四联引自黄君奇煜成句。②鼠牙：比喻强暴势力，此指当下某大国霸凌行径。清代蒋士铨《桂林霜·释帖》："无奈鼠牙侵，天戈旦暮临。苍梧还似旧，铜柱到如今。"

（四十六）
正值金婚，发一首旧作赠发妻郑雅蓉

年逾七旬犹碌忙，室中屋外一身当。
事无巨细辛勤理，家有翁童冷暖藏。
难啃骨头①何畏缩，屡临丛棘岂彷徨？
人生所贵惟知己，旷古糟糠不下堂②！

2019年4月15日初稿；2021年10月22日修改诗题并加简介

【注】①难啃骨头：此有特指，不便明说。亲人及挚友懂的。②糟糠不下堂：《后汉书·宋弘传》：帝谓弘曰："谚言贵易交，富易妻，人情乎？"弘曰："臣闻贫贱之知不可忘，糟糠之妻不下堂。"

【简介】郑雅蓉，仙游榜头上墘人。1948年2月28日生。1971年2月成婚，今年恰50周年，按西方说法，为"金婚"。她1968年仙游一中高中毕业，乃"老三届"。三明市教育印刷厂退休，现居厦。

(四十七)
获市老年大学暨思明区老年大学"抗疫教学先进教师"荣誉称号感作

突遇疠殃黎与烝，起同抗击旨丕承。

宅家引雀勤衔鳣，在线牵鲲欲化鹏。

敢问获名犹获誉，反思何德复何能。

自当取以充鞭策，三老①楼台更上登。

2020年9月11日

【注】①三老：古代掌教化之官。乡、县、郡均曾先后设置。《礼记·礼运》："故宗祝在庙，三公在朝，三老在学。"

(四十八)
家乡村书记嘉许，让我百感交集
——百无一用　枉有盛名

【小序】1962年9月笔者从人口仅有百余人的小山沟沽洲自然村考上北京大学，成为小山村历史上亦是60年来第一位北大人。当时轰动了整个乡村以至全区游洋镇，乡亲们奔走相告，说"蓬草缝里出了棵顶梁柱""深山中飞出了金凤凰"。昨天又在"五星乡贤群"读到一则微信，有乡贤陈加树（村书记）说："我们五星人对游洋镇外村人说'我们五星余元钱是游洋少有的第一个考上北大的'，骄傲。"然而，回想平生，竟是一位普通教书先生和诗赋爱好者，甚感有负北大，有愧乡亲，故而半夜醒来，拟就一律，直抒枨触云尔。

> 耄龄依旧抱清贫，痴笑空名北大人。
> 十有九成堪奋蒉，百无一用枉艰辛。①
> 惟将②诗赋③供余日，愧未涓埃答故亲。
> 半世④讲台冬至夏，或能于此慰⑤天真。

2021年4月3日黍夜

【注】① "十有九成" "百无一用"：脱胎于清代黄景仁《杂感》 "十有九人堪白眼，百无一用是书生" 之诗。② "惟将" "涓埃" 句：乃点化唐代杜甫《野望》 "惟将迟暮供多病，未有涓埃答圣朝" 之句。③诗赋：予著有诗联作品集《未名集》凡1580多首（从3500多首中选就）；诗联文论《未名论丛》上、下两大卷70多万字，加上其他共有130多万文字；在三明一中兼教诗词，三明一中被中华诗词学会评为全国第一批 "诗教先进单位"。④半世：予于1968年在杭州余杭执教语文、政治，迄今在厦门老年大学教诗、词、曲、联、赋，从未离开一线讲台，已有50多年矣（见2018年出版《余元钱老师从事教育工作50周年庆典诗文集》一书）。⑤或能于此慰：北大老同学、西南政法大学陈金全教授阅此诗初稿后，在群里留言曰： "老余诗词创作成果丰硕，一般的文史教授达不到这个水平，也无此境界。北大才子，名副其实，足以自慰也。" 或然如是，然，总体仍是：百无一用，枉有盛名。

（四十九）
千年古道纪行

【小序】蒙家乡五星村委会之约，在小女儿、三侄儿（忠、健、东）暨20多位乡亲陪伴下，耄耋如我者84岁，不远百里，由厦门经游洋镇、乔光村返回故梓，穿行千年古驿道、古寨岭。全长十里，十八弯3458级的石阶似苍龙盘山而上，陡峭曲折，高耸入云。行于岭中，若游天衢。于岭顶古寨头眺望，五星村落尽收眼底。如斯十里坎壈，一路遂情，眺望夕阳，倍感欢忻，权以小诗纪之焉。

> 耄耋怀乡者，今欣夙愿酬。
>
> 厕身千古道，放踵万寻丘。
>
> 寨险稽遐客，林深蕴秘猷。
>
> 夕阳何灿烂，眺远豁游眸。

2021年5月1日初稿，3日修订

（五十）
终欣绣梓展奇珍
——主编《五星古今诗选》终成绣梓感作

> 岧峣辜岭近星辰，自古五星高有人。
>
> 卓卓诗联曾旷世，翩翩文赋肯沦尘？
>
> 遴珠何惜勤分薏，出璞尤需善剥珉。
>
> 三月不知其肉味，终欣绣梓展奇珍。

2022年2月20日于文馨园

（五十一）
别解"酸甜苦辣"
——高中毕业暨大学入学60周年，（1962—2022）感怀

> 六旬岁月逝如梭，谁少酸甜苦辣过？
>
> 或有香甜时可味，岂无困苦日相磨？
>
> 寒酸缘自天悭顾，火辣①休夸己善歌。
>
> 往事似烟何必惦，康安即是不蹉跎。

2022年2月26日于厦门

【注】①火辣：炙手可热也。

（五十二）

93岁曾国枢老会长，在其儿子陪同下，亲自登门慰恙

【小序】自2021年10月23日在厦心医院意外做微创手术、11月5日出院后，即先后有胞侄永忠、永健两对夫妇从仙游赶来，学生涂丽仙多次数，老会长许景率多人，新社长喻群率全体理事，双重校友严建洪率仙游一中厦门理事会主事领导，88岁高龄余老养仲两次率女儿女婿，三明市原教委老领导朱康元副主任、三明市税务局长黄鸿杯老校友，三明市政协文史办原主任、麒麟诗社同事陈祖昆、陈金清、林秀芳等三人，杭州老学生摇先华、熊云龙，仙游一中老同学林德富领59级多位老同窗，95岁厦门市政协原副主席李老金龙伉俪，厦门市委原副书记洪碧玲等，先后有92批次100多人次，各自以不同方式问病慰恙。今从慰恙赠诗（详见《未名集（续集）》"慰恙赠诗"专辑）中，选此一首，以见梗概，以谢诸仁。

九十三龄老，依然矍铄神。
出门能访旧，临境每知新。
甚佩勤耽墨，尤钦善体仁。
今犹劳抚慰，谢义重千钧。

2022年11月14日

（五十三）

甚谢市文联党组书记陈影女史、文联副主席陈春洋等
文界俊髦备殊礼登门慰老

一介书生我，惭蒙陋室登。
悭才又悭望，何德复何能。
墨洒青丝减，翰挥白发增。
谢诸殊礼备，慰老湛恩承。

2022年11月28日

81

（五十四）

"厦门文学艺术人物系列专辑"负责人林慧君、陈青及撰稿人徐杨登门
洽谈出版事宜并签订出版合同而感作

后生[①]诚可畏，老朽本归闲。
却获小斋访，又蒙嘉旨[②]颁。
粗茶权敬客，雅兴尽欢颜。
自古文峰险，同当健步攀。

2023年2月16日于文馨园

【注】①后生：三位女史或80后或90后，却担编撰重任，诚可谓"后生可畏也"。②嘉旨：此指编撰"文艺人物专辑"主旨和有关原则。

（五十五）

蕴深涵自远　言简意尤赅
——为凌子[①]之"骚坛常青树，诗教先行者"题辞而作

腕底飞椽笔，胸中起浐雷。
蕴深涵自远，言简意尤赅。
曾谨画图掌，常将锦绣裁。
谁如斯器重，推毂揽人才？

2023年2月18日

【注】①凌子：中共厦门市委原副书记洪碧玲女士。

（五十六）

何幸银钩觊，褒言自鼎铭
——深谢弘陶[①]先生为予惠赠"诗意人生"之墨宝

平生无所恋，一技涵葩经。

唯欲风骚梦，克期华夏醒。

三千寄桃李，廿八历霜星。

何幸银钩贶，褒言自鼎铭。

2023年2月19日

【注】①弘陶：现任中华诗词学会会长周文彰先生。

（五十七）
"厦门文学艺术人物系列专辑"撰稿人徐杨女史八小时采访纪咏二首

一

甚感垂青眼，登门访陋斋。

晨从①延暮返，机巧②善珠排。

业敬拳拳意，心诚耿耿怀。

后生浑可畏，锦绣望无涯。

【注】①"晨从"句：从早上10点半至下午7点半，除中餐约半个钟头外，径延无停。②"机巧"句：她带来录音笔和笔记本电脑，一边谛听，一边编排。机巧，双关语。

二

烟水兼云月，钩沉且拾遗。

人生经与纬，世路幻和奇。

耕读孩提梦，诗文耄耋痴。

徐徐惠风送，杨柳绿丛枝。

2023年3月16日

（五十八）
与出席首发式陈董加伟际会于故家沽洲有寄

【小序】为参加《五星村志》和《五星古今诗选》首发式，陈董（福建省广播影视集团副董事长）加伟于5月2日上午从福州返回五星村；笔者亦在小女陪同下，丁5月1日，先一日从厦门回到故家沽洲。5月2日中午与亲友饕飨后，相偕至新近落成的沽洲村村路门坊探访留影。特题一小诗以纪之焉。

> 榕城偕鹭岛，深幸会沽洲。
> 携手门坊探，并肩村路游。
> 京城曾毗舍^①，梓里仅薪槱^②？
> 何日重鸡黍，相将暇豫酬！

2023年5月2日于故里沽洲

【注】①毗舍：加伟20世纪80年代毕业于中国人民大学历史系，笔者则于20世纪60年代毕业于北京大学哲学系。人大与北大毗邻。②薪槱：喻贤良的人才或选拔贤良的人才，此处侧重取后者之义。五星村近些年上大学人才不少，然晋京深造者，60多年来仍仅我二人矣。

（五十九）
深谢凌子特地从福州回厦门在惠和石文化园为予揭艺雕箴言牌座

> 一座艺雕玉，十言精湛箴。
> 毫端飞臆抱，刀颖刻苔岑。
> 凤翥蓝天阔，龙游碧海深。
> 何能何德我，愧受此奇琛。

2023年6月28日黉夜

【注】颈联：牌座底部镌有凤翥龙骧图。

（六十）
受邀参观习近平主席、普京总统曾参观过的厦门惠和石文化园感作

【小序】受洪碧玲副书记和李雅华艺雕大师之邀，与严建洪、许景、范锦昌、叶勇义、黄锦勋、蓝斌、喻群、涂丽仙等师友参观厦门石文化园。又看到习近平主席参观时题词和普京赏玩艺雕影照。如读国学奇书，如入艺术宝库。情潮澎湃，浮想联翩，诗以纪之。

千年奇石史，一部匠心书。
细琢灵能语，精雕美可茹。
争夸逾锦绣，至爱胜璠玙[①]。
纵目情澎湃，艺途方日初。

2023年6月29日

【注】①《幼学琼林·珍宝》："可贵者，明月夜光之珠；可珍者，璠玙琬琰之玉。"

自选各类体裁诗、词、赋、联

余元钱

一、【近体诗】
1. 五绝二首

题黄果树

景秀庐山瀑，诗奇李谪仙。
今来黄果树，谁试薛涛笺？

1997年11月14日

喜澳门回归

荆发香江艳，莲开镜海馨。
零丁洋上过，再不叹零丁。

1999年5月15日

2. 五律五首

贺三明市老年诗词学会成立暨老年诗词创刊

喜悉麟山下，老梅新发葩。
香旋飘万岭，色乍艳千家。
更撷云霞彩，欣成锦绣花。
在愚诚有幸，玉树倚蒹葭。

1988年12月25日

咏砥柱山

地镇三门险，折冲千里流。
乱云徒尔犯，恶浪黯然收。
势峻惊风雨，气雄吞斗牛。
任凭波诡谲，屹立御春秋。

曾母暗沙

浩瀚南溟望，明珠嵌碧苍。
襟连三国畛，身领两洋航。
波鼓鸣秦汉，云旗接宋唐。
任凭风浪谲，独障我神疆。

1992年6月12日

车上何岭

车沿盘髻道，人上九重天。
胸次浮原阔，心潮逐鸟旋。
岫回风骤满，岭尽日初妍。
还目雾腾处，飘飘浑欲仙。

1992年8月15日

喜见102岁郭顺英老师

（仄韵五律上声【十七篠】）

【小序】郭老师10年前从我学诗七八年。90岁过后，虽不再入学，但时有往来，不时或独自或由人陪伴来我家中。近有一年多，少有谋面。昨日又见，喜出望外，赋此一诗以纪焉！

> 七十古来稀，百龄逾者少！
> 耳聪还目明，诗稳尤书娇①！
> 慈爱世间仪，善心天下表。
> 欲知高寿经，且赏临潭篠②。

2020年5月15日

【注】①娇：平仄两读。此读仄，妖娆也。②篠（xiǎo），小竹也。临潭篠：本于唐代张子容诗："猿挂临潭篠，鸥迎出浦桡。"

3. 五排六首

百年冥诞祭彭（德怀）帅感作

> 百战风云卷，懋功凌太虚。
> 讵知三字狱，乃据万言书。
> 惜作刘公①犬，哀无范相②鱼。
> 机玄谁可测？途舛愿难如。
> 既有庐山日，何当延水初！
> 束刍今奉祭，徒此说沦胥③。

1998年1月25日

【注】①刘公：此指刘邦。《史记》"狡兔死，走狗烹"。②范相：范蠡，《吴越春秋》"越王为人……可与共患难而不可共处乐"。范蠡灭吴后，离越国乘扁舟泛于太湖。"范蠡鱼"，语出《述异记》。③沦胥：谓无罪的人被牵连而受难。语见《词源》。

甲子马吟十韵

——兼怀1894中日甲午战争120周年

甲①每当序首，午②唯居日中。

斯时至阳极，是刻渐阴融。

足四坤之属，啼单乾所崇。③

皆言天物合，必肇道途通。

岂料波云诡，却遭兵燹笼。

炎华剧蒙难，倭寇肆兴戎。

百廿年前劫，三千罪外恫。④

今逢同岁次⑤，应警类荆丛。

穆穆思殷鉴，乾乾⑥振汉风。

若夷重敢犯，誓让葬溟东。

2014年1月31日

【注】①甲：天干第一位，引申为首位或居于首位。②午：午时，日之正中。方士认为阳气达到极致，阴气即将产生。③"足四""蹄单"句：乾坤，一阳一阴。马有四足属阴，有单蹄属阳。马阴阳兼备，而午阴阳相交，故以"午"配"马"，是为"午马"也。④三千罪：李频诗"科条尽晓三千罪，图圄应空十二州"。恫：哀痛，痛苦。⑤同岁次：同为甲午年。⑥乾乾：自强不息。

皓月园瞻仰郑成功巨像

——有感于当下时势而作（八韵）

覆鼎岩巅履，惊涛岸上身。

雄风逼霄汉，皓月伴昏晨。

目炯日星耀，眉威龙虎瞋。

冰心向葵藿，铁骨挺松筠。

按剑如临阵，披坚为护民。

两间充浩荡，千古仰轮囷。

东海今波诡，南洋亦雨频。

何当凭勃发，一举靖嚚尘！

2014年7月26日

二十八年诗教一瞥

耕舌古骚坛，迄今年廿八[①]。

何辞暑溽生，亦历寒风刮。

每欲雅弘扬，剧思才萃拔。

舟需顺水推，苗忌违天揠。

绛帐贵机灵，鳣堂祛巧黠。

伫看万里霄，振翮穿云鹘。

2020年4月20日

【注】①年廿八：1993年起，于三明市老年大学执教诗词，其间于1997年至2002年又兼任三明一中六届中学生选修班诗词教师，三明一中被中华诗词学会授予第一批全国诗教先进单位。2004年退休定居厦门，再于厦门市老年大学和思明区文安诗词班执教诗词迄今，凡28年。

题家乡沽洲漈下父女照

轻言汗漫[①]游，美数乃乡土。

险漈界青山，飞流倾碧宇。

许称员峤双，堪与桃源伍。

树啭听莺呼，蟀旋闻掌鼓。

洗心清气餐，濯足澄波抚。

茗箬荫炎天，爽风醒彼岵^②！

2020年5月5日

【注】①汗漫：多义，此处形容漫游之远。唐代陈陶《谪仙吟赠赵道士》："汗漫东游黄鹤雏，缙云仙子住清都。"②岵：多草木之山。《陟岵》"陟彼岵兮，瞻望父兮"，此双关也。

颂五星排工

漳溪连马尾，千里几经凶？
忽遇巉岩虎，犹惊旋瓮龙。
御湍灵手足，穿罅慑心胸。
若有毫厘失，能无灾眚逢？
古今多毅勇，往返历春冬。
遐迩排工仰，岧峣辇岭峰。

2021年10月10日

4. 七律三十三首

故梓"五星大桥"建成赋

山溪野渡彩虹舒，喧吼湍流喜化衢。
争颂群贤悯民瘼，终看仁里镇天吴^①。
畏途不复王阳叹^②，坦道当教太白娱^③。
老少今歌"行路易"^④，千秋德荫仰三无^⑤。

1987年6月15日

【注】①天吴：水神。②王阳叹：王阳为益州刺史，至九折坡，叹曰："此非王

阳所畏处耶？"（据《幼学·地舆》）③ 太白娱：李白在《蜀道难》中有"蜀道之难，难于上青天"之愁，此反用其意。④ "行路易"：李白有乐府《行路难》三首，此借其题而反用之。⑤ 三无：《宋儒表》："德奉三无，功安九有。"按"三无"即"三无私"，《礼记》："天无私覆，地无私载，日月无私照，奉斯三者，以劳天下，此谓之三无私。"

《求贤室》立名纪咏

予性淹迟，志疏才拙。虽酷爱诗词而苦难长足。然求友之心，从未减；求贤之癖，终无稍易。长居陋室，芸香自得，欲立室为"求贤"，斯其宜欤？

欲强诗国策如何？遵法求贤[①]两勿颇。

法有成章唯恪守，贤无定命务张罗。

须争位位居英杰，还使人人[②]处睦和。

深远尤当慎谋虑，不臻绝诣不休戈。

1987年8月

【注】① "法"，即诗律；"贤"即诗之文字。② 人人：清代法时帆曰："昔人论五言律诗如四十贤人，其中著一屠沽儿不得。而四十人中又须人人知己，心心相印，方臻绝诣。"

还乡诗钞（八首）

1995年永别父亲之后，迄今十有三年未回故梓。小女智妩与女婿（朱）智伟恰已完成婚姻登记，于是趁此暑期由厦回故里简办婚仪。诸侄永忠、永廉、永健、永东等四家亦分别由泉、沪、仙、莆一同回梓，诸亲友闻讯赶来贺喜兼叙旧，一时热闹非凡，礼余又游观几处乡景，今记下小诗数首以资留忆。

（一）久别还乡

欲唱大风①长未成，今欣晚辈②伴归程。

任凭溽暑严威逼，岂计遄迍仄径横。

绮梦辄随车疾驶，旅心更越岭飞行。

溪山过尽家山现，满目似浮员峤明。

【注】①大风：刘邦还乡时所唱《大风歌》，此代指还乡。②晚辈：指小女与婿和由沪经厦还家的永廉一家三人。

（二）故园重游

曾闻洪患①改田畴，处远乡心夜夜揪。

欲效燕归寻旧迹，甚惊豹变展新猷。

纵横阡陌康衢代，湍涌涧溪飞霓浮。

四面青苍争悦目，春风亦喜度山陬。

【注】①洪患：1999年故乡发生千年一遇特大洪灾。

（三）门前小溪

溪流汩汩屋前过，激石淘沙起浩歌。

两岸园畴欣哺育，千家鼎鼐仗调和。

蜿蜒似舞青丝带，踊跃如奔白介鼍。

何幸山村天独厚，银蟾照处闪金波。

（四）山村婚仪

不慕城垣返野村，心裁独出办新婚。

以山作幕林为帐，于水为浆石作樽。

月朗风清协琴瑟，溪幽波静洽鸳鸯。
余门朱阁双飞彩，伫看祥云伴晓曦。

（五）婚夜礼花

山色熹微夜色饶，礼花竞放起狂潮。
如看鹣鲽凤凰舞，恍听笙箫琴瑟调。
五彩缤纷翻上下，九天璀璨比妖娆。
漫云村野悭时尚，别领风骚尽此宵。

（六）祭拜考妣

拜谒佳城一字开，子孙三代[①]率同来。
瓣香缕缕弥幽岁，诔语[②]行行痛不才。
绿水无言空祭悼，青山有意枉追陪！
十三年里几惊梦，并作今朝杜魄哀。

【注】①子孙三代：有子、孙、曾孙，计18人参加拜谒。②诔语：指当天宣读《祭双亲文》之诔文。

（七）山道攀行

宁攀小径不乘车，为探离乡别井初。
林茂从知中可猎，溪高得悉下能渔。
梯田远望层层绿，马路新开宛宛舒。
险阻几经凌绝顶，山光水色览无余。

（八）无题有感

两地山门[①]约略同，设谋营造具良工。

联题前后能添雅，表嵌中间但纪功。

驻足行人长短论，违心帮者②智愚蒙。

淡名轻誉古今训，作俑诸君可反躬③?

【注】①两地山门：指游洋镇辖两个自然村村口所建大门。②违心帮者：笔者亦其中之一。两山门前后四副对联均出自笔者之手。此次返梓经游此两地，闻路人议论，故有"违心"之说。③反躬：《易》："君子以反躬修德。"

【附】祭双亲文

岁维在子，时属居离。率三代之子孙，乘九夏之溽暑。由沪厦泉莆仙，不远千里而归；秉义慈友恭孝，纪宜五义之诚。献束刍，荐瓣香，敬奉于双亲灵前曰：

沽洲川岳，钟灵毓秀；双亲德泽，山高水长。忆昔时之义训，尚殷蒙在耳；顾今日之暌违，尤痛切于心。为绍祖行，亦曾竭虑殚精于当世；奈乖情势，难遂鹏抟麟振之初衷。呜呼！往者不可谏；来者犹可追。今叩拜佳城①，聊效慎终之念；仰瞻吉壤，唯行追远之思。天不负人，当自日乾而夕惕；祖能庇嗣，唯期踵事以增华。冀愿式凭灵爽，佑启后人；来歆梓木愚忱，迪光前哲。书不尽言，情难悉掬。敢引俚词，伏祈尚飨。

【注】①佳城：墓也。《幼学琼林》："生坟曰寿藏，死墓曰佳城。"

不孝男　莫

戊子年六月十八日

2008年7月20日

辛卯正月返乡漫吟（四首）

（一）初三应约赴梧椿

轻车万里趁春晴，何事匆匆令节行？

为与古村添紫气，特来仁里赋朱楹。

自知腹俭才轻俳，敢望珠生咳唾成？
幸得秀山灵水助，芜骈谢骊任之评。

（二）初四偕永忠永健二侄谒先父母佳城

踏寻仄径谒尊陵，思绪纷飞怍益增。
曾客他乡悭侍侧，因亲琐务寡趋承。
树高万丈根为本，山逼三垣脉是凭。
尚慰城头钱纸在，深情手足代为烝^①。

【注】①烝：冬祭。《礼记》："春祭曰礿（yuè），夏祭曰禘（dì），秋祭曰尝，冬祭曰烝。"我乡习俗，每年冬至扫墓，不在清明。胞弟每年冬至代我祭扫父母佳城。

（三）初五老家过大年

错过新年补大年，桩桩历历复如前。
点燃炮仗始开桌，起举酒盅先祝天。
童稚忒灵饕捷摄，老人但笑箸长悬。
何方得遇者番乐，春在农村不枉传。

（四）题故家新居寄诸侄

别立丛居不逞奇，可风可雨最相宜。
群山作障添依伴，曲水鸣弦助梦思。
四室毗连谁伯仲？一厅平展孰尊卑？
家和共筑天伦乐，环顾青苍自解颐。

2011年2月8日

痛悼母亲（四首）

哀 逝

飘萧花雨咽寒薨，北苑惊传萱草倾。
顿觉眼迷天失色，但知心绞泪无声。
榻前温语音犹在，梦里慈颜影正明。
岂料仪型何倏息，满庭惨雾漫轩楹。

怜 病

婺星垂陨固哀哉，三载尤怜困病台。
喘起人如遭狴狱，咳生魂欲断蓬莱。
撕心裂肺声声逼，弱体羸身日日摧。
此景此情谁忍见？苍天何故妄飞灾！

忆 德

兰陔虽寂范长存，村野女中谁比伦？
数米而炊扬祖义，称薪以爨誉乡邻。
躬耕从织工皆达，谋业持家德并臻。
休道平生无咏絮，俭勤二字足师人。

感 恩

春晖熠熠仰无私，泽雨恩波洎子儿。
就湿移干思抚字，缝衣馈食感仁慈。
丸和硕德光庭训，同倚深情著闺仪。
效义未如乌反哺，惶惶抱愧望崦嵫。

1989年4月7日初稿于沽洲家中

痛悼严亲

千里^①归思奉粥羹，讵期匆遽赴幽冥。

田园^②一世诗书伴，风雨^③三朝桑海经。

课读课耕钦作则，亦师亦父忆趋庭。^④

痛今失怙身谁悯？孤月空山共涕零。^⑤

【注】①"千里"句：9月6日中午接电话：父亲病笃。7日早6点从三明乘火车转汽车又改步行，于当晚10点赶抵父亲身边，欲效奉粥羹于左右之孝行。然，未满旬日，即于13日幽明永诀，未尽人子之责，思之，不胜怅然。②"田园"句：父亲一生虽以农为本，亦颇识诗书，尝自乐吟诵，并屡为邻里代写书信、联语之类通用文字。③"风雨"句：父亲生于庚戌年（宣统二年），历清、民国、共和三朝，风雨人生，目睹沧海桑田之变，其身所经，亦可权作半部近现代史读之。④颈联二句："趋庭"，即子承父教，典见于《论语·季氏》。⑤尾联二句：《幼学琼林》："父死曰失怙，母死曰失恃。"怙者，依靠、倚仗也。返回三明，内子对女儿曰："你爸爸失去父亲，多么可怜，今后我们母女要多体贴他。""身谁悯"即感于此而发也。

悼胞叔（培沐）

为试除胞叔（培沐）不治之症，10月1日寄去一信索取原先诊断书，欲延名医会诊。不料，回信未收，他便于"10月18日晚上8点30分离井归泉"（父亲来信语），闻之不胜戚然，特悼一律挽之。

半生飘泊旅生涯，瀛岛归来又去家。

戴月他乡扶幼嗣，呕心新脉染霜华。

诸般棘手难令屈，一症沉疴竟丧槎。

望叔回生叹无术，绵绵此恨泪何赊！

1985年11月7日

雾（进退韵）

茫茫浮九野，暧暧漫层穹。

天地难分界，山河尽失容。

闻跫知客至，听笛辨车通。

忽喜犀光照，寰区锦绣重。

1994年3月4日

感事二首——寄校友杨碧莲

（一）读杨碧莲校友《试论习惯、性格与命运》有赋

白云苍狗几千秋，从古而今谁自由？

性格固然关命运，天时常也枉人谋。

为何三起犹三落，遑论一沉还一浮。

面对桑榆胡所往，青山绿水最难求。

（二）有感于1966年与杨碧莲凌栋标李秀君一路大串联

四十年前一路游，扪胸回想感千头。

疯狂时代疯狂事，幼稚年华幼稚俦。

自榜红心忠革命，岂知黑手乱神州。

榕城昔日轩昂语①，都化今朝满面羞。

2006年6月28日

【注】①轩昂语：据杨碧莲回忆，我们大串联到福州时，我曾在福州大学礼堂发表慷慨激昂讲话。

99

秋游九鲤湖（五首）

（一）游湖

久有虔心九鲤游，今朝乘兴正芳秋。
石阶千磴迎遥客，山径几斜通秘幽。
奇景争称甲天下，玄观疑是小瀛洲。
盘桓目不暇相接，岂料夕阳先落丘！

（二）赏湖

一鉴悬崖顶上开，天池众道落瑶台。
微漪风动追鱼戏，浅底松摇捧月来。
楼影碧波谁上下，云光绿漾共徘徊。
更传九鲤乘仙去，博取千年誉蓬莱。

（三）观瀑

白瀑千寻泻九重，浮烟溅雪壑溟蒙。
天晴莫道无纤雨，午正还看有彩虹。
半幅珠帘谁可卷，一双玉箸我难笼。
撮奇萃胜迷人醉，欲返犹瞻造化功。

（四）瞻九仙祠

倚险居危势欲飞，腾龙跃虎九仙祠。
成门石罅门迷路，作壁巉岩壁绽玑。

俯视澄湖冬复夏，肃听清磬晚而曦。

千年香火几多梦，祸福穷通讵可祈。

（五）探鲤湖水电站

仙湖千古梦悠悠，福祉而今造有猷。

奋起群雄征险溇，即教旧水换新流。

似龙渠带盘山岭，如斗灯珠缀壑丘。

人力天工何处胜，欲观奇境此先留。

1981年10月23日随榜头溪尾附中师生游后作

贺兴泰诗社成立五周年兼怀故梓（四首）

（一）

共武山中邹鲁踪，五年积玉颂丰茸。

披荆远辟三唐径，树帜丕承两宋宗。

谋刻鹄欣无类鹜，精雕虫却尽成龙。

春风万里千峰翠，争仰云居入九重。

（二）

争仰云居入九重，地灵奕代萃人雄。

弹冠金史[①]唐双相，振铎陈林[②]宋两翁。

犹美七年连数榜，咸钦百里鼎三公。

江山假彼生花笔，械朴甲称闽越东。

【注】①金史：唐武德二年进士金鲤和唐龙朔二年进士史宾，均官居宰相。②陈林：宋代理学家陈昭度、林光朝，二人力倡伊洛之学于东南。

（三）

械朴甲称闽越东，更看社祚壮如虹。

文多吐凤开今古，赋每腾蛟望外中。

盂钵催诗惊子建，尖叉斗韵折扬雄。

佳章竞尚繁星灿，一卷珠玑仗众公。

（四）

一卷珠玑仗众公，故乡灵景尽罗胸。

胜收夹漈云居谷，奇揽济川樟孕榕。

兴角岭高瞻义帜，九仙祠古听疏钟。

梦萦我恨难亲即，共武山中邹鲁踪。

1988年4月16日—23日

四侄儿①同上《莆田作家》文坛

——读《余社：琴上响余声，爱此有永日》后作

生在深山长近樵，却何吟笔亦能摇？

苍林湛露滋灵木，绿野春风抚秀苗。

不弃不离皆乐道，难兄难弟各扬镳。

莆仙自古崇耕读②，一代尤期一代骄。

2020年10月4日

【注】①四侄儿：伯永忠、仲永廉、叔永健、季永东。②崇耕读：莆仙代有"地瘦栽松柏，家贫子读书"之乡风。

二、【词】

1. 小令二阕

醉花阴（登麒麟阁）

故友相逢情似昨，共上麒麟阁，放眼望方圆，叠嶂平川，一览无遗落。
文明城市纷纭说，远近循来学。黑雾隔溪腾，蔽日遮天，对视相惊愕。

1985年10月16日

浪淘沙·读报有感

大地卷波澜，滚滚争前。迁崖折岸忽回掀。浊涌沉渣乘泛起，似欲吞天。
可笑早轩轩，新浪弥漫。穿山破谷势无边。更弄潮儿波壁立，谁可投鞭！

1986年1月19日

2. 中调二阕

青玉案·聂卫平克片冈聪
——记第二届中日围棋擂台赛第十三场比赛

纵横阡陌棋中路。凭谋算，深如许？百万甲兵胸次布，太公韬略，子房术数，各自存机杼？

五关待破非易举？下子全神敢旁骛？突变风云惊指顾，兵麾垓下，法参孙武，终捣黄龙府。

1996年12月9日

破阵子·"神舟"会八仙

　　脚踏火龙腾地，身携雷电冲天。一道彩虹忙引路，万颗金星为设筵，"神舟"会八仙。太白先歌百曲，张颠狂草千笺。他等争开千岁酒，齐向英雄祝凯旋，欢声塞两间。

二阕作于2003年10月15日发射成功后

3．长调六阕

满江红·八六年元旦抒怀

——读苏东坡《满江红·寄鄂州朱使君寿昌》有感

　　黄卷麟经①，青灯下，斑斑驳驳。可告我：何称不朽，古今长烁？石季万缗②朝夕尽，始皇③二世须臾灭。尚恨余，倾国太真④欢，旋销歇。财权色，祇驹隙⑤；仁哲者，视无物。但殷勤洒翰，呕心沥血。至美苏辛歌铁板⑥，且追李杜吟河岳⑦。最堪钦，并立德功言⑧，千秋晔。

1986年元旦

【注】①黄卷：指经书；麟经：指史书。《幼学·文事》："缣缃黄卷，总谓经书。"又曰："孔子作春秋，因获麟而绝笔，故曰麟经。"②石季：此指晋代豪富石崇，字季伦，后为孙秀谮被杀。缗（mín）：成串的钱。③始皇：秦始皇。自号"始皇"，意欲传祚万世，却不料仅传二世而亡。④太真：杨贵妃，号太真。她于唐开元二十五年得幸入宫，天宝十五载缢死于马嵬驿，首尾宠欢20年，故谓"旋销歇"。⑤驹隙：白驹过隙，喻时光飞快易逝。⑥"苏辛"句：苏东坡与辛弃疾，词坛上豪放派代表。俞文豹《吹剑续录》载：东坡在玉堂日，有幕士善讴，因问："我词比柳词何如？"对曰："柳郎中词，只合十七八女孩儿执红牙拍板，唱'杨柳岸，晓风残月'；学士词，须关西大汉执铁板，唱'大江东去'。"公为之绝倒。铁板，即形容苏辛词调之豪放激越。⑦"李杜"句：李白有"黄河之水天上来"（《将进酒》）

之绝唱；杜甫有"会当凌绝顶，一览众山小"（《望岳》）之名句。⑧"并立"句：《左传》："太上有立德，其次有立功，其次有立言。虽久不废，此之谓不朽。"

沁园春·访圆明园遗址
——英、法联军烧毁圆明园130周年

万苑之园，旷古奇工，何处访真？叹雕梁画栋，灰飞烟灭；彤阶紫禁，影杳形湮。枯柱倾天，断桥卧壑，满眼飘萧尽棘榛。幽阴处，只涓涓泉水，还咽晨昏。且询①故地灵神，竟底事斯文厄运沦。是贪残二盗②，心肝忒黑；疯狂一炬，玉石俱焚。六帝经营③，一朝消歇，浩劫沉沉无与伦。残垣抚，这空前国耻，敢忘儿孙？！

1990年7月15日

【注】①询：暗韵。②二盗：指英法联军。法国作家雨果关于圆明园被毁一事写道："有两个强盗闯进了圆明园，一个是英国，一个是法国。"③六帝经营：圆明园，上始康熙，下经雍正、乾隆、嘉庆、道光、咸丰六朝，前后修整历150年。

念奴娇·昆仑①

【小序】泰山不足以言高，珠峰②又为邻邦③所共有。唯昆仑者，高矗云天，横亘中土，实乃中华之脊梁也。

玉仙④飞降，矗洪荒，襟带东西南北。吞吐千年天地气，铸就中华风物。亘矣江河⑤，伟哉泰华⑥，源脉皆从出。环看广宇，孰能钟这灵杰？漫说风雨频侵，陵迁谷变，曾几为惊慑？兀自岿然横碧汉，搴揽九天星月。象逼三垣⑦，泽分八表⑧，矢志融冰雪。千秋一愿：世间长满春色。

1992年3月1日

105

【注】①昆仑：山名，也指昆仑山脉，是我国最大山脉。从帕米尔高原起，沿新疆、西藏边界向东伸入内地。②珠峰：指珠穆朗玛峰，海拔8848米。③邻邦：此指印度、尼泊尔等。④玉仙：喻皑雪，昆仑终年积雪，故以此拟之。⑤江河：指长江黄河，其源均出自昆仑。⑥泰华：指泰山华岳，其脉也皆由昆仑延伸而来。⑦三垣：指天体太微垣、紫微垣、天市垣，此泛指上天。⑧八表：八方之外，指极远的地方，此泛指人地。

金缕曲·纪念台湾光复50周年

历史无情甚。问谁堪，长将故土，割离分祍？一纸《马关》奇耻载，多少愁生恨饮？曾祭剑、直飞东浸。八载挥戈终退日，喜珠还，凯奏心香沁。台宝岛，复如锦。年经五十情重审。叹蓬瀛、天河仍隔，了难高枕。底故乾坤多偃蹇？梦欲分疆称朕。劝莫再，痴迷吞鹕。一统江山潮何挡，扫阴霾、自有吾侪任。瓯更补，樾同荫。

1995年10月15日

齐天乐·谒福州西湖林则徐铜像

绿阴掩映芳丛处，金身倚天昂立。羽氅生风，珠庭逼斗，目炯波光添色。雄姿俊逸。似知悉香江，米旗沉日。故面南空，逐随征雁迓云霓。

人间桑海忍忆？虎门狂飚起，蛮毒俄寂。眊聩宸廷，无谋肉食，却割珠崖疆场。铜仙泪滴。报虎伏狮醒，赵归完璧。引慰林公，笑飞湖峤碧。

1996年3月31日

桂枝香·屏南鸳鸯溪

撩开雾縠，看壑涧纵横，鹜岭争蠹。万丈林泉倏降，曳青奔绿。还奇新雨初晴后，日欹斜、斑斓腾目。曲流迤逦，碧潭安谧，赏心斯独。

念造化、生灵巧育。每春莅秋临，鸳戏鸯逐。百里涟漪漾处，爱钟情笃。溪山如此通人意，况花间、婉谐丝竹。漫云深僻，风光殊异，自忙游躅。

1996年5月3日

三、【古风】

1. 五古："诗星"商店与"桂冠"诗人

知识应尊重，诗坛要自尊。

岂堪为阿堵，不惜卖灵魂。

某省诗刊社，谋财有窍门，

开设"诗星"店，卖与无诗君。

你邮三十块，他寄一千文。

统给"桂冠"戴，廉耻姑勿论。

吾里一儒老，"爱诗"亦绝伦。

报刊常有作，征赛去尤勤。

欲问何多产，全凭人代耘。

此次"诗星"选，大名又冠群。

自主刊"喜报"，广效东施颦。

疑者惊声诘，知之掩鼻闻。

诗坛长此往，诗国岂能存？

且将诗界问，亦向骚客询。

骗局何时了，闹剧可锄根？

凡属贤明士，岂堪不自珍。

对于钓利辈，当起祛其瘟。

扬我好传统，永葆诗青春。

2. 七古：舞厅行并序

乙亥仲夏甲丑夜，王（诗川）[①]、陈（金全）[②]、余（元钱）三人，在有关人士怂恿下，相携从就于歌舞厅。目处，彩灯诡谲，靓女成行，为平生之仅见。舞间，猝发恃势男子欲赶舞女之事，余不忍见此景，从旁探得彼辈辛酸之情。有感于类似之悖行不独此仅有，遂为长歌纪之，题曰《舞厅行》。凡四百一十四言。

浸江闻名开放邑，紫阳镇上人如织。夜间楼馆竞繁华，管弦呕哑金翠饰。我来此游探神秀，邂逅曩昔京城友。盛情邀去歌舞厅，欲拒不能半将就。舞厅富丽忒堂皇，闪烁交辉诡谲光。曲径走廊深且邃，妙龄靓女伫成行。身披筛胸帛，腿露皙嫩白。樱唇射幽香，秋波勾人魄。有一娇羞娃，身匀颜如花。歌出惊流莺，舞起卷飞霞。旁谓来东北，年方一十八。跻身上女林，如立鸡群鹤。轻歌曼舞兴正酣，猝然闯进一丁男，自称某方头面人，旁若无人视眈眈。急欲与伊同歌舞，未得应承强拽去。一曲未终却生嗔，嫌其不善讨人趣。欲赶出舞厅，另换一婷婷。满面生严霜，发语如雷霆。我且忍气压愠怒，移步趋前相与语。伊暂稍敛愤懑容，未言簌簌泪成雨。"奴本农家女，父母如珠护。家贫而辍学，南下求生路。谁知世路艰，辗转无去处。无奈拗初衷，沦此风尘苦。"弦管转幽咽，明月暗颜色。尚未听罢心先酸，欲语又惊舌讷涩。谁不作父母，不把闺秀怜？谁无亲姐妹，忍被人摧残？世间竟有此等人，弄权恃富少心肝。设若眼前是令爱，遭此凌辱不心寒？噫嘻!莫恃权势大，便将小民轻。莫恃钱囊包，应惜人间情。开放为求促经济，更应远虑重文明。我愿浸江之水长奔腾，涤尽污秽葆风清。

【注】①王诗川：时任晋江市教委副主任。②陈金全：西南政法大学教授。

四、【辞赋】

陈景润实小赋

景小润渥①，历逾百年，驰名遐迩。然囿于地，日见窘迫。随文教日盛，扩拓新黉，势之使然。市府盱衡②远近，于富兴新区，投巨资，谋良制。开教育之新域，解民生之渴望，良有以也③。

文笔峰高，沙溪流远；富兴景小，勃发焜煌④。纵目方圆，岫峦迤逦争环拱；放踪左右，学府⑤崔嵬⑥竞耸昂。

溯由曩昔⑦，遑论⑧沧桑！百年前，清末坊间初创；五星耀，共和新政发祥。又经革故鼎新⑨，宏展新气象；更践图强追梦⑩，焕迎新曙光。逡巡⑪老校，高悬大幅浮雕，再现"猜想"顶峰，期传薪火；又镌巨型彩翰，直示"润泽"深蕴，励拓庠序⑫。"润"之新理念，芳菲桃李⑬；"泽"洎⑭众师生，蓊郁⑮栋梁⑯。

更倚徙⑰新黉，于二酉⑱馆中，"读伟人成长故事"而凤翥；犹三余⑲道上，"树勇攀高峰志向"以龙骧。⑳

噫！春华秋实，享诸尔荣光盛誉；继往开来，获梯然㉑奖掖褒扬。骎骎㉒矣，景润宏猷㉓，不胜枚数；谡谡㉔然，未来景小，岂可权量！

讯曰：日居月诸㉕，恒能迭运；伟人名校，相得益彰。愿新黉区，如滚滚沙溪，矻矻㉖奔腾融浩瀚；冀此名校，似巍巍文笔，乾乾㉗蓬勃迓朝阳。

辛丑仲秋立于富兴

2021年7月30日修订

【注释】①润渥：恩泽滋润深厚。《幼学琼林·人事》："河润百里，海润千里，乃谓渥泽之沾濡。"②盱衡：扬眉举目，纵观之意。清代钱谦益《序》："昔年营陈战垒，盱衡时事，爱爱有微风动摇之虑。"③良有以也：良，很，甚。以，所以，原因，指某种事情的产生是很有些原因的。④焜煌（kūn huáng）：明亮辉煌。⑤学府：此特指富兴陈景润实验小学。校区有"一座学府，重塑城南"之雅称。⑥崔嵬：高耸貌，高大貌。《楚辞》："带长铗之陆离兮，冠切云之崔嵬。"⑦曩昔（nǎng xī）：

从前，过去之意。⑧遑论（huáng lùn）：不必说，不用再说。⑨革故鼎新：《周易·杂卦》："革，去故也；鼎，取新也。"今常借指改革开放。⑩梦：此特指新时代中国梦。⑪逡巡（qūn xún）：徘徊之意。⑫庠序（xiáng xù）：西周时指地方办的学校。旧时用来泛指学校或教育事业。此借指学校。⑬芳菲桃李：喻学生出众有才华。芳菲，（花草）芳香而艳丽；桃李，代学生。⑭洎（jì）：及，至。⑮蓊郁（wěng yù）：形容草木茂盛。此指人才众多。⑯栋梁：比喻担负国家重任的人。⑰倚徙（yǐ xǐ）：留恋徘徊。⑱二酉：古代藏书处。语见《太平御览》卷四九引《荆州记》。此指图书馆。⑲三余：古代勤学典故。典出《三国志·魏略》。此指勤勉学习。⑳"读伟人成长故事"句、"树勇攀高峰志向"句：引自2019年北京联合出版公司出版《少年陈景润》一书，乃景润实小教书育人之金句。亦为潘玲校长多篇文章所引用。㉑梯然：像梯子似的一级一级由下往上升高。㉒骎骎（qīn qīn）：形容如马跑得很快，喻事业进步迅速。㉓宏猷（hóng yóu）：远大的谋略，宏伟的计划。㉔谡谡（sù sù）：形容挺劲、挺拔。㉕日居月诸（rì jī yuè zhū）：居，音"积"，语助词，同"乎"；诸，语助词。居诸，代指日月。《幼学琼林·天文》："寒暑代迁，居诸迭运。"即指日月交替运行。㉖矻矻（kū kū）：辛勤不懈貌。㉗乾乾（qián qián）：自强不息貌。

【署期·注释】辛丑：乃农历纪年，即2021年。仲秋：秋之中，农历八月，公历9月也。秋，有三秋之分，为孟秋（七月）、仲秋（八月）、季秋（九月）。

五、【楹联】

1. 村道联十四副
①沽洲村村路门联
（四副已刻最后二副）

（一）

大路畅通，通莆仙永福；
义资弘益，益父老乡亲。

（二）

通此道，允自生财有道；
过斯门，何愁创业无门。

（三）

道出崇山，地灵必人杰；
门临曲水，源远自流长。

（四）

新路鸿开，欲效忧民忧国士；
硕门虹拱，恭迎乐水乐山人。

2003年11月18日

②里洋村村道联
（二副已刻）
嵌（林）再启、（林）忠明联

再举新猷，为酬海外霞光启；
忠诚故里，唯盼山间月魄明。

嵌里洋村名联

里郡外邦，一线相连通贸易；
洋人山客，双方互利共繁荣。

2007年4月10日

111

【按】林再启、林忠明老一代在非洲事业有成，捐6万元人民币修建村道，事成，托林良涯嘱予撰成此二联。

③梧椿村牌楼门联

（四副已刻）

过埔处门联

（一）

梧枝劲薄[1] 云霄，得地欣欣[2] 招凤[3] 至；

椿干丕承雨露，逢时谡谡[4] 举龙腾[5]。

【注】①薄：逼近。②欣欣：繁茂。③招凤：李峤诗："林引梧庭凤，泉归竹沼龙。"此为双关。④谡谡：挺拔。⑤龙腾：《南史》："凤举四维，龙腾八表。"此地山有"龙角山"，水有"龙潭水库"。此亦义寓双关。

（二）

倡义立碑门，厥功昭九有[1]；

捐廉[2] 光梓里，斯德誉三无。

【注】①九有：原指九州，此特指九个自然村。亦可推而广之，两意兼涵。②捐廉：原指正俸之外的养廉银，后多指个人捐款。《枭林小史》："吴首创捐廉集义勇。"

吴宅桥门联

（一）

梧荫九村，仗崇门远引鹓鹐^①，齐光宝地；

椿荣百姓，临达道疾催骐骥，好趁清时。

【注】①鹓鹐（yuān chú）：鸾凤之属。《庄子·秋水》："夫鹓鹐发于南海而飞北海，非梧桐不止，非练实不食，非醴泉不饮。"

（二）

进出沐恩光，身影皆浮笑色；

往来沾泽溉，跫音犹带欢声。

2011年2月8日

④石苍济川村门路联

（二副已刻）

正　门

金钟汇万派清流，浩浩焉，秀毓山川圣境；

笔架涵千秋紫气，巍巍矣，灵昭文史名村。

内　门

身羁域外，心系域中，爱乡惠众名遐迩；

113

业创有成，财生有道，倡义捐廉①树楷模。

2011年5月4日

【注】①捐廉，指个人捐款。语出《枭林小史》。

⑤五星村溪口尾门坊联

（四副选二待用）

（一）

门扼三关，几知今古荣枯事？

坊连二驿，谁解方圆鞅掌人？

（二）

地邻牛鼻岩泉，千古神奇昭正德；

址近龙田宫殿，五星名胜仰洪恩。

2021年5月2日作，2022年3月20日选

2. 获奖联六副

①四十言联·应酒泉汉武酒业集团征联

（已登《人民日报（海外版）》）

出句：东迎华岳，西接昆仑，南望祁连，北通大漠。越丝绸古道，溯汉武雄风。襟欧亚，射天狼，到此何妨同斟御酒；

对句：春起惊雷，夏来爽气，秋凝紫霭，冬集卿云。钟河岱精灵，毓边关秀色；举圣贤，邀月魄，趁时漫与尽醉金泉。

1999年8月10日

【按】1999年获甘肃省诗词学会、兰州大学中文系、酒泉汉武集团共同主办的海内外征联大赛二等奖（一等奖缺），奖金一万元。

②二十言联·题陈嘉庚公园

（已刻）

以天为幔，以海为襟，天海展青蓝，此地风光焉有二？
与国同心，与民同气，国民争俯仰，斯人功德允无双。

2002年2月28日

【按】2002年获厦门"嘉庚杯"海内外征联大赛一等奖，并已镌刻在于2008年落成的陈嘉庚纪念馆大门圆柱上。

③廿一言联·题陈嘉庚纪念馆

（已刻）

为故乡兴盛，为祖国新生，倾资财于教育，谁是先驱者？
曰民族光辉，曰华侨旗帜，获领袖之褒扬，公推第一人。

2002年2月28日

【按】2002年获"嘉庚杯"三等奖，并已镌刻在纪念馆正中门柱上。评析见《中华爱国诗词选》（续编）第208页，林文聪《关于陈嘉庚纪念馆正中一副楹联的学习体会》一文。

④杭州古运河文化广场

（三副已刻）

（一）牌坊楹联（十一言）

牌屹东隅，万缕丹曦迎璀璨；

坊邻西子，一轮皓月共婵娟。

（二）南楼楹联（七言）

天外寒凝浑不觉；
人间春到自先知。

（三）北楼楹联（七言）

何愁云远飞南浦；
自幸楼高近北辰。

2005年9月10日

【按】2005年获杭州古运河文化广场建设指挥部征联特等奖（奖金一万元），注评见《中华爱国对联选》（续编）第177页和第179页。题牌坊联已镌刻在特建的石柱上，联额为《南北通津》，由著名书法家朱关田用章草书成。详情见《扬（州）杭（州）行吟》第15页《探访杭州古运河文化广场联语》一诗及注释和本书（下册）第251页《得不偿失——万元特等奖得后感赋》及序、注。

第三辑　社会评价

文笔昂首写蓝天

读余元钱诗词曲联有感

邓友华

在中国当代诗坛上，一个诗人引领了一座城市的诗风，让其诗风大盛、诗人辈出，这样的佳话出了三例：第一例是艾青，20世纪50年代末被流放到新疆石河子去，在那里培养出杨牧等一窝后辈诗人；第二例和第三例都出在三明——前者是范方，新诗的领袖人物，整个"三明诗群"都是他的学生；后者是余元钱，旧体诗的领军人物，坐落于文笔山麓的三明一中的高级教师，三明老年大学的客座教授。

余元钱那一届北大才子们

初读余元钱是他的《扬（州）杭（州）行吟》。这是一本奇书。其中半本是李文华编著的《我的名人同学（北京大学哲学系62级）》，两个同班同学的著作合编成一本，按竖排本的规则看，余著是头，李著是尾；如按横排本的规则看，则李著是头，余著是尾。各自都按不同的起点往下编页码，直到最后相会在一起。我翻来覆去地看着这部奇书，对余元钱和他的名人同学，便有了很多了解。

余元钱先生字布泉，又字未名，号源泉，福建仙游人。他的老家沽洲是个美丽的山村，离县城有100多里山路。当年他去仙游县城读书，往返都是走路，还要挑上行李和口粮，怕山路磨损鞋底，常常是把鞋脱下来拴在扁担上赤脚行走。他的父亲虽然一生务农，但颇识诗书，尝自吟诵，每逢春节村民家门上的对联大多出自他父亲的手笔。余元钱继承了家学，并将其发扬光大。他在仙游一中读书时任校学生会主席。他1962年参加高考，当年全国招生10万人，他以总评成绩89分被北京大学哲学系录取，入

学后任北大哲学系62级二班班主席。所以日后有诗云："才试乡闱曾出众，学求京阙亦居先。"（《归闽遣兴》）

都说青年是国家的未来、社会的栋梁，这真的不是说来好听的漂亮话，而是颠扑不破的真理！50多年后读到余元钱那届同学的名字，那里面好多是如今中国读书界响当当的名字！郭沫若的儿子郭世英，阿沛·阿旺晋美的儿子图道多吉，还有周国平、曹天予等。周国平以研究尼采著称，后以《人与永恒》《妞妞》和《我的心灵自传》等文学作品畅销全国。改革开放海禁大开之后，读书界在20世纪80年代后期到90年代初期有"男看金庸，女看琼瑶"之说；到20世纪90年代后期和21世纪初期，就变成了大学生们"男看王小波，女看周国平"了。而曹天予，则跟王小波有拐了个弯的关系。王小波的妻子是李银河，1978年11月3日在《人民日报》发表了与人合作的一整版文章《要大大发扬民主和社会主义法制》，该文曾被称为"具有划时代意义之作"，作者也被人称为"民主启蒙的先驱者"，另一女作者就是林春，著名经济学家林子力之女。这两位闻名全国的才女会花落谁家？读者后来都看到了，李银河"下嫁"给了王小波，林春更是不顾家人反对"下嫁"给了曹天予（后为美籍中国学者）。

1967年，北大校园到处都是大字报、批斗会的时候，余元钱在未名湖畔中文系宿舍楼走廊里，拾得王力主编的《古代汉语》第四册，中有古汉语通论《诗律》和《词律》《曲律》。在这样的生存环境下，余元钱开始钻研起王力先生的《诗词格律》。真是"国家不幸诗家幸"，余元钱在1968年4月15日于北大未名湖畔写出处女作《暮游未名湖》："阵阵噪蝉催欲癫，沿堤独步思联翩。黄鹂有恃鸣高树，金鲤无端厄冷渊。岸上风声时来急，塔边古影暮尤玄。未名湖水休言浅，恶浪偏常起骤然。"

余元钱先生常说他这样开始学写诗是偶然，我倒觉得其中也蕴藏着必然。首先，人处在那样的黑暗中，只要不想同流合污，就得寻找能指引自己前行的亮光；只要不想随波逐流，就得抓住一个生命的抓手。其次，在他的那届哲学专业的同学中，日后真正从事哲学研究的也就只有周国平、曹天予、徐远和，其余的大多是从政、从教；他学写诗是继承了家学，顺应了天分，表面上是在另辟蹊径，其实是在人尽其才。

四十年学诗　三十年写诗

中国是个有悠久诗词传统的国度，中华诗词是中华文明的宝藏之一。20世纪以来，自五四新文化运动起，新诗兴起，旧体诗衰落。只是，文体也是风水轮流转的，就像古时的唐诗、宋词、元曲、明清小说一样，到20世纪80年代初新诗上升到朦胧诗的最高潮再逐渐往下滑落时，旧体诗也同时从谷底往上升起了，等到了20世纪末怀旧潮时，已形成了全国性的高潮。而余元钱先生的"四十年学诗，三十年写诗"就刚好"歪打正着"地顺应了这个潮流。

余元钱先生从1968年开始学诗写诗，40多年作诗词曲联3500多首（副），1984年10月起，在《人民日报》（海外版）、《中华诗词》、《诗刊》、《中国楹联报》、《福建日报》、《三明日报》、《三明侨报》等海内外近百家报纸杂志上发表1500多首诗联。1991年起在全国诗联大赛、农工党中央主办的"回归颂"诗词大赛获一等奖，在"李杜杯""酒泉杯""嘉庚杯""古运河杯"等诗词联征赛中分别获得特等奖及一、二、三等奖。

杨庆桢（《三明日报》原副总编）盛赞道："余元钱用诗歌把欢乐喜庆酿成喜酒，把痛苦悲伤酿成醇酒，把柔情蜜意酿作甜酒，把悲欢离合都酿成美酒，用诗酒浇心中块垒，解人世恩怨，颂人间真情，创社会和谐，圆人生好梦。余元钱诗酒人生好精彩。"（《诗集〈未名〉蕴深意　先生未名胜有名》）

我最喜欢余元钱先生的《沁园春•谒中山陵》："莽莽钟山，郁郁苍松，穆穆伟陵。仰夙怀赵璧，西帆东棹；仔肩汉鼎，北伐南征。声震风雷，气凌霄汉，救国拯民龙虎腾。照勋业看共和旭起，封建云崩。事循天理人情，识世务流芳千古名。惜炎黄一脉，今仍二隔；神州九采，犹未全成。两岸生忧，八方为痛，陵下如知亦不宁。凭风问：我龙传之嗣，怎慰先生？"

余元钱的这首词，写得思想深刻，见识独到，气势非凡，力透纸背，把百年沧桑、两岸生忧全装进去了。特别后半部分："惜炎黄一脉，今仍二隔；神州九采，犹未全成。两岸生忧，八方为痛，陵下如知亦不宁。凭风问：我龙传之嗣，怎慰先生？"相信海峡两岸的读者读来都有同感，同时都会喜欢。同种同文，同好同心，这就是古诗词能连接两岸的魅力！

正如杨庆桢先生所评论的："余元钱先生诗词楹联大气磅礴，胸怀天下，四海风云、神州万象、江山社稷、民生民瘼、海阔天空尽收笔底，同时以诗抒情，把亲情、爱情、友情、乡情、儿女情、师生情凝于笔端。情真意切，情深意笃，细腻生动，感人肺腑。"（出处同上）诚哉斯言！

我特别喜欢余元钱先生的几副获大奖的联对，其大气、独到、创意、雄奇，真是堪称举国无双！

1999年甘肃省诗词学会、兰州大学中文系、酒泉汉武集团共同主办的海内外征联大赛，主办方出句："东迎华岳，西接昆仑，南望祁连，北通大漠。越丝绸古道，溯汉武雄风。襟欧亚，射天狼，到此何妨同斝御酒"；余老师对句："春起惊雷，夏来爽气，秋凝紫霭，冬集卿云。钟河岱精灵，毓边关秀色。举圣贤，邀月魄，趁时漫与尽醉金泉"。评委授予大赛最高奖二等奖，夺得奖金一万元。我实话实说，出句特好，余老师的对句稍逊。因一等奖空缺，他也等于是全国第一了。

2004年，杭州梅花草堂主人谢国刚万元征联，出句："径山下，西湖边，梅花草堂香茗碧连天"；余元钱对句："古镇中，南渠里，芝兰玉树嘉声宏匝地"。梅花草堂主人以万元私银相赠，传为文坛佳话。

2005年，杭州古运河文化广场建设指挥部征联，余元钱先生为牌坊楹联题词："牌屹东隅，万缕丹曦迎璀璨；坊邻西子，一轮皓月共婵娟。"为南楼楹联题词："天外寒凝浑不觉；人间春到自先知。"为北楼楹联题词："何愁云远飞南浦；自幸楼高近北辰。"夺得特等奖，再抱万元归。

华侨领袖陈嘉庚公园落成，向海内外征联，余元钱先生应对："以天为幔，以海为襟，天海展青蓝，此地风光焉有二？与国同心，与民同气，国民争俯仰，斯人功德允无双。"此联获一等奖，被镌刻在陈嘉庚纪念馆大门圆柱上。我最喜欢的就是上联前面八个字："以天为幔，以海为襟"，这是余元钱先生前所未有的独创！如此大胆的想象，如此开阔的思维，如此浪漫的比喻，如此简洁的语言，是能千古流传的。

二十年教诗、出书历程

文笔山下是块文化热土，诗人辈出。沙溪河流域千年流传的龙船歌至今还在传唱，成为"三明三宝"之一；三元历史名人邓文修为圆通堂撰写的对联"圆而神神明不测，通其变变化无方"和"南来灵感无双佛，西向圆通第一庵"，仍然无出其右者！到了20世纪40年代，那一代教育出陈景润等学生的教育工作者，有些同时就是能诗擅联的诗人，像邓镐昂、魏植杰、邓新圆等。到了20世纪70年代，既有文脉又飘荡着灵感的校园林荫下又走来了郑梓敬（巴桐）和刘登翰。刘登翰这个比余元钱高几届的北大才子因妻子是一中的老师而住在一中，他与北大同学孙绍振合作的新诗频频在本省和全国各大报刊发表，影响甚大。再到1982年11月7日，余元钱先生又调到三明一中任教。他的到来，将让文笔山下的这个校园乃至整座城市兴起诗风，就只是时间问题了。

国防大学教授杨庆文在《〈旅京行吟〉序一》中这样记述余元钱先生的诗教："自1997年以来，所在福建三明一中开设诗词选修课，他任教师，首开当今中小学诗教先河。诗教时间不长，成绩却相当可观。据不完全统计，到2000年底，三明一中历届学生中有二百余人的几百首诗词习作在全国十一省市二十多种报刊上发表。"三明一中因此被中华诗词学会评为第一批全国诗教先进单位，余元钱老师也荣获"全国诗教先进个人"荣誉。

著名老作家杨庆桢和陈朝定合写的《一支红烛照诗坛》则讲述了"他在三明老年大学期间，把诗词班办得红红火火"的事迹："从一个班发展成两个班，使诗词班成为三明老年大学的品牌班。他到厦门后，又把厦门老年大学的诗词班办得有声有色，由他主办的每月一期的诗词沙龙从不间断，每年一集的《鹭江唱晚》，每月一期（后改为季刊）的《鹭江吟草》，坚持不懈。对学有所成的学员，他积极鼓励他们出版诗集，并亲自帮忙审稿、编辑、写序。据不完全统计，仅三明和厦门两所老年大学，学员出版的诗集，由他帮忙出版和写序的就有26人40卷。"当今活跃在三明诗坛上的余养仲、罗焕刚、汪启光、赵应琴、徐榴珍、吕文芳、顾世秋等，都是他的学生。而在鹭岛，他的学生遍布各行各业。二十多年来，受过他的诗教者数以千计！用他的北人同学、西南政法大学教授陈金全的话说："这实在是中国文学史上的奇迹！"（《〈旅京行吟〉序二》）

因为诗教，余元钱先生的出书历程便是先梓诗联教材。他编写了《诗词曲格律启蒙与创作技艺》等专著，选编了《中华爱国诗词选》（上下册）、《中华爱国对联选》（上下册）等文集，其中后两书由中宣部学习出版社出版发行。他的《未名集》迟至2013年10月才由中华诗词出版社出版。

我在研读《未名集》时，反复看着《自序》，挺感慨的。他在第二段这样写道："三十年来，工拙匪计，积有三千五百余首（副）诗词曲联，近年诸多诗友、学生以及家人，皆促我裒集成书，然我仅梓诗联教材，而作品任其尘封，不为他们所怂恿。曷哉？我国著名诗人，'回归颂'全国诗词大赛二等奖第一名获得者贺苏老先生，在《我为何不出诗集》中，列举三缺：一、缺乏陈寅恪所标举之'独立精神，自主思想'；二、缺乏王国维所揭示'三种境界'之艺术追求；三、缺乏司马迁在《报任安书》中所列举'发愤著书'之执着。老先生所谓'三缺乏'乃谦语也。而笔者稍事对号，而号号皆能入座，岂堪轻易枣梨？"我心想，老先生不是自谦，20世纪初期出生的老知识分子大都有自知之明；余元钱更是坦率，只是到他这一代"文革"前的大学生经过浩劫的洗礼，那些东西已经从有到无，再变成迂腐的象征了。余元钱先生还写道："然今年暑期，厦大一长者，要资助，言出款随，我穷婉辞而乏拒术，乃顶溽暑，理旧稿，付铅錾，厥成绣梓。"感谢刘光先生的善举，感谢余元钱先生的配合，终让《未名集》得以面世，以解读者的渴望。我想，书自有其生命，孰优孰劣，应该交由读者和历史去评判，让其问世是必需的。

2014年9月，《未名集》再出增订本。

《未名集》的《卷前曲·风敲竹·乡梦》唱得好："梦绕乡关路，最难堪、时逢岁末，节临佳度。游子萦怀情倍切，反侧连宵达曙。独陟岵、痴痴无语。诗酒欲将浇块垒，又谁知、觚举心添虑。奈更听、曲如诉。谁知此日难返顾。悔当初、殷殷负笈，远离桑梓。卅载栖栖居异地，都为虚名所误。况半世、文王不遇。检尽牙签探今古，问而今、乡思何寄寓？勤翰墨，慰云树。"读此曲心情复杂，如同读曹雪芹的"满纸荒唐言，一把辛酸泪。都云作者痴，谁解其中味"。其中的甘苦，不仅作者自知，读者亦能领会。

我很喜欢余元钱先生1995年2月2日写的《七律·三元文笔峰》："谁持象管插峰巅，青镂绿沉年复年。涧水涓涓延作墨，山云片片剪为笺。秋书雁字沧桑寄，春试鹅经锦绣悬。文价任凭千丈落，依然昂首写蓝天。"最后这两句，就是余元钱诗词曲联的真谛了。

是的，文笔山，虽不高大，也不雄伟，但能千百年坚定不移地站立在那里，风不能折，雨不能摧，雷劈不倒，雪压不垮，一直把笔锋不屈地朝向蓝天！这就是他的伟大之处！

（2015年3月3日—4日文，2023年6月8日修订）

【本文作者简介】

邓友华，1955年出生于福建三明。自学成才，著名乡土作家。20世纪70年代中期开始业余文学创作，1988年起经营友华书店，现为独立撰稿人，《三明知青》特聘编辑，三明市政协文史研究员。著有《这块土地的灵魂——陈景润与三明》系列文集，以及三明建市历史和上海迁明企业的历史等。

穿越时空　步入唐宋

品读余元钱先生的几首诗

礼庆贵

首先让我们阅读题为《三虎之谊》的一首诗：

> 常道三人成市虎，而今三虎勉诗人。
> 余袁郭已杖朝逾，风雅颂仍联日珍。
> 莫以夕阳伤晚晚，堪同旭照比轮囷。
> 缘深得幸蛟洋会，伫看青山满目春。

朋友，当你读到这样古色古香的诗句，是否觉得穿越了时空，步入到唐宋？其实这首诗的作者是现代人。他就是现居厦门的余元钱先生。余元钱先生是福建仙游人，1967年毕业于北大哲学系，一年后分配工作，一直从事教育工作。"五秩讲台前，从无辍教鞭"，这就是他从事教育工作的写照。他从1968年开始专研古体诗，吟诗作赋，从2004年起专门为厦门老年大学讲授古典诗词，积累了丰富的经验，诗词著作甚丰。迄今为止，他已经在全国各大报纸杂志及网络等媒体发表二千多首诗词，名胜景点题写楹联若干，出版了十几本专著，在国内诗词、楹联大赛中屡屡获奖，颇有诗名。

这首诗作于2021年4月，是作者余元钱先生与上杭蛟洋袁梓辉、龙岩郭义山两位诗人，幸会于上杭蛟洋鸡声诗社筹备处挂牌仪式上所作。

首联："常道三人成市虎，而今三虎勉诗人"，是说作者与袁、郭三人同生于戊寅年，均属虎，因之称为三虎。首句为起兴，带有调侃，寓意三虎同聚一堂非常巧合。如今这"三虎"都是诗人，句中的"勉"字乃是谦词。

颔联："余袁郭已杖朝逾，风雅颂仍联日珍"，如今余、袁、郭三人虽然都已经年过八旬，但是依然崇尚风、雅、颂，并把吟诗作赋融进自己的日常生活。

颈联："莫以夕阳伤晼晚，堪同旭照比轮囷"，不要见到夕阳就哀伤暮年。"夕阳无限好"，灿烂的霞光堪比喷薄而出的一轮旭日。

尾联："缘深得幸蛟洋会，伫看青山满目春"，我们今天聚集在蛟洋，真乃天大的缘分，虽然都是白发苍苍的老年人，但仍然像青山伫立，大家看吧，我们不是正在焕发着青春的光彩！

本首描写的是三位年过八旬的老人以诗会友，展现儒雅风采的心境。他们虽然都已步入暮年，但仍然朝气乐观，让人感觉夕阳同朝霞一样灿烂夺目，大有"老骥伏枥，志在千里"的英雄气概。本首化用了"夕阳无限好"的诗句，把该句拓展，更加体现了作者乐观向上的人生观。

该诗在句式的运用和词语的选取上，亦别具匠心。

七律的句式，一般采用"二二一二"或"二二二一"式。然，该诗则运用折腰句式："三一二一"式。此句式虽然古已有之，如宋黄庭坚的诗句"管城子无食肉相，孔方兄有绝交书"（见余元钱著《诗词曲格律启蒙与创作技艺》），但十分罕见。该诗按特定的诗境，采用折腰句式，令人耳目一新。

另外，律诗的对仗工对之一，要联绵词相对。而联绵词，有一般的联绵和双声、叠韵的联绵。后者被视为工对中之工对。该诗"晼晚""轮囷"，属于叠韵联绵，更具匠心。

下面，笔者再从余元钱先生的几千首诗作中摘录几首品读，以聊见一斑。

谒岳王庙

伫立坟前思绪飞，荩臣身命合遭危？
金戈铁马功生忌，热血刚肠忠见疑。
衰败古来由谄媚，隆兴谁不恃箴规。
抬头凝望森森柏，当得长为击佞椎。

这首诗作于1979年，是余元钱先生拜谒岳王庙的感怀。

首联：作者伫立在岳王坟前，思绪万千。历史上忠臣的身家性命为什么总是很危险呢？

颔联：遥想当年岳飞率师北伐，金戈铁马，先后收复郑州、洛阳等地，在郾城、颍昌大败金军，进军朱仙镇，立下了汗马大功，却遭到奸佞的忌恨，本来是一腔热血刚肠，对国家忠心耿耿，却因功高震主，遭到怀疑，惨遭杀害。

颈联：诗人由此联想到，自古以来，一个王朝衰败的由来是奸佞谄媚，忠奸不分，不纳谏言。那些奸佞逢迎献媚、拍马迎合、结党营私、排除异己、自私自利、欺上瞒下、打击报复、横征暴敛、滥杀无辜，甚至弑君、迫害同僚、弄权误国、残害忠良之臣。而君王被蒙蔽，不能察觉，国家岂有不衰败的？而兴盛的王朝，哪个君王不是纳谏如流？

尾联：想到这些，我不由得抬起头来凝望着岳王坟前的森森翠柏，希望它们能长久关注世事，化作一根根笞杖惩罚那些奸佞。

本诗作者从伫立联想到岳飞的身世，从岳飞的不幸联想到朝代的兴衰，从朝代的兴衰联想到如何惩办奸佞的办法，铺陈井井有条，层层递进，步步深入。用词简练而准确，用"金戈铁马""热血刚肠"形象地概括了岳飞的性格及其功勋卓著的一生。尾联"森森"翠柏，采取了拟人化手法，更是令人回味无穷。

南沙行

万里南沙一望赊，明珠颗颗属中华。

滩丛遗骨书文史，海底沉锚记客槎。

汉耒耕平荒岛棘，唐渔拖碎暗礁牙。

吾民吾土吾疆畛，染指岂容蛇豕耶？

本诗作于1992年，是作者到访南沙之作。

首联：作者放眼万里南沙，只见无边的大海，座座岛屿就像是颗颗珍珠镶嵌在大海之上，而每一座岛屿都是属于中华的领土！

颔联：紧接着列出出土的文物，"遗骨"、碑碣、"沉锚"，样样无不证明南沙群岛自古以来就是中国的领土。

颈联：则是作者联想，汉唐的先民们是如何披荆斩棘开发海岛的。是他们把荒岛变成了鱼米之乡，用耒耕田，用网捕鱼，先民们祖祖辈辈生生不息、辛勤劳作的景象历历在目。

尾联：顺理成章地指出，南沙群岛是我国固有领土，那里有我们的家园，有我们的居民，岂容长蛇封豕染指？神圣领土不容侵犯。

本篇洋溢着强烈的爱国主义情感，思维逻辑严谨，用形象的语言表达深沉的内容。字里行间，没有一句口号式的语句，文字锤炼炉火纯青，堪称思想性和艺术性完美结合的佳作。

车上何岭

车沿盘髻道，人上九重天。
胸次浮原阔，心潮逐鸟旋。
岫回风骤满，岭尽日初妍。
还目雾腾处，飘飘浑欲仙。

这首诗作于1992年，是作者返乡途中之作。

首联：描写汽车在发髻般的高峻盘旋公路上行驶，人仿佛升入九重天。

颔联：看到家乡的山水，心胸豁然开朗，像是平原那样辽阔。家乡的往事也浮现心头，不由得心潮起伏，思绪万千，随着飞鸟盘旋。

颈联：耳朵听到骤风穿越峰峦的声音，呼呼作响；眼睛望着一轮红日从东方冉冉升起，山岭尽数披上绚丽的霞光。

尾联：作者再环顾身边的云雾缭绕，真有点飘飘欲仙的感觉。

作者用简略的文字，描写了返乡途中的风景和心境，看到家乡的山水，心胸顿然开阔，愉快的心情油然而生。崎岖的山峦突然变成了辽阔的平原，峰峦间的骤风也仿佛是优美的乐声，于是，自己也就"浑欲仙"起来了。因此，本首诗字里行间无不生动地彰显作者内心对家乡山山水水深沉的爱。整篇文字通俗典雅，描写生动，意境开阔，可谓游子返乡的经典之作。

作者虽然身在他乡，但时时关心家乡的发展变化，时时惦念父老乡亲。他吟诵家乡山山水水的诗作很多，称家乡为"小瀛洲"。他不但自己写，还动员家乡人歌颂家乡。在83岁高龄时重返故里，重走当年在乡读书时每天往返约20里长的一段崎岖山路。帮助家乡写村史，还为家乡主编了《五星古今诗选》，收集了五星村古今的诗词联赋作品和诗事雅集佳话，为家乡的文化建设和增强文化自信添砖加瓦。该诗集印制精美，内容不凡，堪称该村的村史、诗史，是现代文学史上的一篇佳作。

诗词班新象速描

春开新气象，校迓学诗人。
济济一堂满，融融四座亲。
争来寻大雅，渴望解迷津。
有幸逢同道，何辞传火薪。

这首诗作于2021年7月。是记叙老年大学新生入学时的真实写照。

首联："春开新气象，校迓学诗人。"春季伊始，万象更新，老年大学迎来一批学习古典诗词的人。

颔联："济济一堂满，融融四座亲。"许多人聚集在一起，挤满了课堂，座无虚席；坐在周围的人，来自四面八方，呈现一派亲和。这里的"满"字、"亲"字用语极为到位，一方面从侧面体现老年大学的教学质量好，得到众多人青睐；另一方面也反映出教学井然有序，师生们关系融洽，足见诗人功底！

颈联："争来寻大雅，渴望解迷津。"学员们争先恐后来到课堂的目的很明确，就是为了寻求诗词的大雅，渴望老师传道授业解惑，破解以往对诗词的迷津。

尾联："有幸逢同道，何辞传火薪。"今天师生们抱着一个目的，就是为了弘扬中华诗词传统文化走到一起来了，前途逢知己，这对谁都不能不说是件人生幸事。特别对教师来讲，更是鼓舞和鞭策，为了传递薪火，就是再辛苦也在所不辞，也要把平生所学所知传授给弟子们。

这首五律诗，写得中规中矩，首句平起不押韵，二、四、六、八句用"十一真韵"一韵到底。颔联、颈联讲究对仗，平仄、词性对仗工整。堪为教案的典范之作。

《北大老五届诗集2》收阅后感作二律

第一首：或堪与媲曩麟经

《诗集2》内容简介："这里汇集了北大老五届足迹凝炼而成的史诗。"

> 一卷缣缃炳汗青，或堪与媲曩麟经[①]。
> 未名湖汇五洋水，博雅塔摩霄九星。
> 更有胸襟天地揽，岂无肝胆古今铭？
> 三余[②]不虑蹉跎过，风雅颂声朝暮聆。

注释：①麟经：《春秋经》的别称。②三余："冬者岁之余，夜者日之余，阴雨者时之余。"此泛指一切空余时间。

简释：这本诗集是继《告别未名湖》北大老五届诗集后的第二本诗集，作者收到后，感慨万千，于是就写了这两首感怀。

"一卷缣缃炳汗青，或堪与媲曩麟经。"

这本诗集，正像作者所说："这里汇集了北大老五届足迹凝炼而成的史诗。"是可以彪炳史册的，或与历史上的《春秋经》相提并论。

"未名湖汇五洋水，博雅塔摩霄九星。"

未名湖波光潋滟，融汇了来自世界各大洋的水。北大藏龙卧虎，汇集了来自五洲四海的学子，为祖国为世界培育出千千万万的人才，贤者云集。北大是一座世界著名学府，声名就像博雅塔高耸入云，抚摸九霄的星辰。

"更有胸襟天地揽，岂无肝胆古今铭？"

这些学子走出未名湖后，胸怀天地，纵览世界，为社会的发展、为人类的文明做出了可载入史册的杰出贡献，岂能没有肝胆相照、激荡古今的豪言壮语？如今这本诗集就是收集了当年老五届们的吟唱铭座。

"三余不虑蹉跎过，风雅颂声朝暮聆。"

如今有了这本诗集，我就可以聆听这些风雅之声，就不担心空余的时间白白地过去了。

第二首：珠玑满目许难能
—— 寄周大晨、黄思明等16位编辑

乍启书函喜不胜，珠玑满目许难能。
剥珉出璞①宵衣②已，刮垢磨光③旰食曾。
琢肾④时堪奉圭臬⑤，雕肝日悦有规绳。
从兹案右添藜火⑥，期看燕园逸骥腾。

2022年3月11日于厦门文馨园

【注】①珉：似玉的美石；璞：未雕琢的玉。②宵衣旰食：宵衣，天不亮就穿起衣服；旰食，天黑了才吃饭。此成语是形容勤于劳作。本诗中作者是将其分开用的。③刮垢磨光：刮去污垢，磨出光亮。语出韩愈《进学解》。④琢肾雕肝：比喻写作的刻意锤炼。本诗中作者是将其分开用的。⑤圭臬：比喻标准、法则和法度。⑥藜火：东晋王嘉《拾遗记·后汉》载：汉刘向校书天禄阁，夜默诵，有老父杖藜以进，吹杖端，烛燃火明。取《洪范五行》之文，天文舆图之牒以授焉，向请问姓名。云"太乙之精"。后因以"藜火"为夜读或勤奋学习之典。

简释："乍启书函喜不胜，珠玑满目许难能。"

刚一打开这本诗集，我就喜不自禁，如此的珠玑满目，真令人佩服啊！书编得如此的好，这是很不容易做到的。

"剥珉出璞宵衣已，刮垢磨光旰食曾。"

诗集之所以如此精彩，是你们起早贪黑，精雕细刻，认真琢磨，付出了艰苦劳动的结果。

"琢肾时堪奉圭臬，雕肝日悦有规绳。"

你们时时按照标准要求，处处对作品刻意锤炼，精益求精，才终于编出了令人满意的诗集。

"从兹案右添藜火，期看燕园逸骥腾。"

从此，我的案右增添了一本可供我夜读的作品。我也期盼燕园的校友们能和我一道，读书写作，出现更多的人才、更多的骏马，万马奔腾，奔腾万里。

余元钱先生的这两首大作，格律严谨，引经据典，堪称范文。

纵观余元钱先生的作品，有以下几个特点：

1. 内容极其广泛丰富。家事、国事、春秋事，事事都成为他诗作的题材。亲情、友情、世间情，情情都会触动他诗作的琴弦。祖国的大好河山、名胜古迹几乎处处都回响着他的吟咏。

爱国必然爱家乡，只有爱家乡才能真正地爱国。元钱先生有一股强烈的爱乡情结，故乡的山水都变成了他笔下的诗。"石阶千磴迎遥客，山径几斜通秘幽。奇景争当甲天下，玄观疑是小瀛洲。"在他眼里家乡的奇景是甲天下的，堪比仙境。当他重踏故乡崎岖山路的时候，每个台阶他都感觉可爱可亲。

2. 陈述通俗易懂，条理清晰，文字得体。读着他的诗作，仿佛在听故事。

3. 恪守传统诗词规范。有人问余元钱先生："对诗词的继承和创新有何看法？"他说："继承是基础，创新是方向。对初学者来说，首先要强调继承。所谓继承，即继传统之宗，承传统之脉，历代所传之统，如唐之诗、宋之词、元之曲所要求的方方面面必须有明晰的了解和娴熟的把握。创新，应该指的是内容，在内容上要有新思维、新感情、新意识，要与时俱进。因此笔者认为，诗（广义之诗）体要继承，内容可创新。"笔者认为，这才是对待古体诗的继承与创新的正确关系。对于古体诗来说，所谓继承，从形式上来说，就是要继承老祖宗遗留下来的诗词格律；从创作手法上来说，就是要继承唐风宋韵的艺术风格。用这个传统的老瓶装上符合时代特色的新酒。正如元钱先生所说，绝不能搞不伦不类的所谓"解放体"。如果搞什么"解放体"，其作品不应该冠以"律""绝"及各类词牌等字眼。

4. 富有哲理。余元钱先生提倡创作格律诗应遵循"金字塔"原理，用"金字塔"原理指导教学和格律诗词创作。所谓"金字塔"原理：技术层面，包括押韵、平仄、对仗、拗救等；艺术层面，包括意象、意境、语言、章法、布局等；哲学层面，指立意。体现思想、见识、情感、襟抱等。

在这方面，元钱先生有诸多论述。他认为，技术层面乃是入门者的基本功。艺术层面则是诗人登堂入室的深功。意象是意境的基础，意境是意象的升华。语言乃是境界的载体。章法和布局，乃指谋篇立构，应该遵循逻辑思维。好的作品应该做到形象思维和逻辑思维的完美结合。哲学层面，应该有独特的世界观、人生观和价值观。这三个层面，在余元钱先生的作品里都有较完美的体现。他的作品起承转合构思逻辑性强，其内容充满爱国、爱乡、爱亲友的思想，充满"烈士暮年，壮心不已"的宏大志向。他教书育人，鞠躬尽瘁，立志将传统文化继承并发扬光大，立言立德践行，体现了先辈哲人的"修身、齐家、治国、平天下"的理念。

5. 善于引经据典。何谓用典？刘勰在《文心雕龙》里诠释："据事以类义，援古而证今者也。"是引用古籍中的古事或词句，以古比今，以古证今，借古抒怀。如何用典？余元钱先生根据自身多年来的创作经验和品赏名家著作及论述，总结出"用典"十条，即直用、反用、化用、皆用、变用、活用、暗用、隐用、合用、博用。余先生用典已是信手拈来，不留痕迹。

　　余元钱先生的诗、词、赋、联之所以古色古香，就是遵循上述规则的结果。

　　我和余元钱先生为北大校友，但未谋过面，是在一个诗词微信群里认识的。元钱先生德才笃实，能与之相识实乃人生之幸事，对于他的诗词向来崇拜之、学习之。他凭一根教鞭，培植桃李满天下，在鹭岛开辟一片诗词新天地，实属难得。下面，以笔者与余元钱先生的两首唱和及两首七言作为本文的结尾。

和余兄《三虎之谊》

三虎秋高不减春，诗吟歌啸杏花新。
布坛鹭岛传薪火，结社蛟洋聚凤麟。
神韵壮心追李杜，才情惬意步苏辛。
发扬蹈厉千丛曜，应念黉门播种人。

2021年4月20日

《自嘲》读后寄元钱兄

志在诗词自在仙，唐风宋韵咏山川。
燕园刺股书通酉，鹭岛传薪笔执椽。
两袖清风愁髀肉，半生绛帐乐云泉。
而今坛下多鸣凤，名噪东南紫气天。

2022年4月4日

余元钱先生《自嘲》原文

耄龄依旧抱清贫，痴笑空名北大人。

十有九成堪奋耆，百无一用枉艰辛。

惟将诗赋供余日，愧未涓埃答故亲。

半世讲台冬至夏，或能于此慰天真。

2022年4月2日修订

贺元钱兄《诗词曲格律启蒙与创作技艺》第五版问世

三十年来磨一剑，涔涔汗水泪斑斑。

设坛布道留经典，润得花香满世间。

2022年3月6日

闻元钱兄入选"厦门文学艺术人物系列专辑"

谁把风骚唐宋还？闽江鹭岛一班班。

未名大作为旗手，半个香山半义山。

2023年2月25日于北京

【本文作者简介】

礼庆贵，辽宁省辽中县人，1968年毕业于北京大学无线电物理专业，高级工程师，古典诗词爱好者。曾任《桃源》诗刊编委，《告别未名湖——北大老五届行迹》编委。

智者风采·贤者风度·长者风范

记我所认识敬仰的余元钱老师

朱康元

　　余元钱老师，男，汉族，字布泉，笔名未名等，福建仙游人。浏览余老师的人生履历，他1982年调回三明，至2004年随子女去厦门定居，凡22年。而这期间就在三明工作的我，却与余老师失之交臂：1982年由三明市莘口中学调至三明七中（三明职业中专学校）任教，1990年到市教委职业教育科工作，从事的都是职业教育方面的工作；1998年起任市教委副主任，分管普通高中、职业教育、成人教育；看到余老师1997年编著的《格律诗启蒙》，启发引导我逐步走进诗词学习的大门；审阅市教委就市政协六届二次、三次会议《在我市中学开设诗词选修课》《关于让中华诗词大步走进我市中小学校园》提案的答复；披阅省教育厅《关于印发三明一中开展诗词选修课工作总结的通知》，要求省级达标中学参考借鉴，开设诗词选修课，从而间接了解到余老师作为全国首批诗教工作者，为传承中华优秀传统文化、培育诗词后备人才所做出的竭诚奉献，但却无缘相见。直到我退休后撰写《诗话人生》书稿，并于2015年经《三明日报》原副总编杨庆桢先生介绍，约请余老师为拙稿写一篇《阅后感言》，才开始了与余老师的交往。屈指算来，至今只有八个年头。

　　八年在历史长河中只是短暂的一瞬，而在余老师与我的相知相交相识中，却给我留下了深刻难忘的印象。

一、智者风采

　　余老师系北京大学哲学系1967年毕业的高才生，1968年被分配在浙江余杭公社苕溪初级中学，1982年调到文笔山下的三明一中任教，担任语文课、政治课老师；1989年，其所任课的文科班在政治学科高考中，获得福建省状元和平均分数第一的优异成绩。而余老师靠着"文革"中的偶然机遇和勤奋刻苦，自学艺业成才，终成诗坛大家，先后创作诗、词、曲、联、赋5000余首，出版《未名集》《未名论丛》《对联知识入门与创作指南》等十余部专著，计300多万字，其作品之多、论述之严谨、经验之丰富，在当代诗词教育界久负盛名。他的作品和事迹被收藏于《当代诗词大辞典》《当代中华诗词选》等数十种典籍。余老师也先后成为中华诗词学会会员，福建省诗词学会理事，福建省作家协会会员，厦门市诗词学会副会长，《鹭江吟草》主编，《厦门诗词》执行主编等。

　　1993年起，德艺双馨的余元钱老师开始在三明老年大学、三明一中、厦门老年大学兼任1到3个班的诗词教学，春风化雨，呕心沥血，因材施教，业精于勤，培养出不计其数的佼佼者和诗词后备人才。1997年，余老师在全省率先开设中学生古诗词选修课，仅用三年时间，就在全国12个省市区的22种刊物上发表学生优秀诗词作品500余首。2000年，三明一中被中华诗词学会评为首批全国诗教先进单位，余老师也两次出席全国第十三届诗词研讨会和首届全国诗教先进单位经验交流会，并在大会上做诗教经验交流发言。

　　智者，指聪明人，是有智慧谋略的人。余元钱老师正是这样的智者，他四十年学诗，三十年写诗，二十年教诗，真可谓智者风采，成果不凡，桃李芬芳，享誉中外，成为福建省著名的诗词教育家。正如许多专家学者师长所赞誉的："知识渊博，精于韵文，弘扬国学，矢志于诗词教育的至诚之士"（李文华），"金声白雪三千赋，红烛丹心五十秋"（黄锦勋），"学贯文史哲，精通诗词曲"（吴锦裕），"园丁的楷模，学者的风范"（游生忠），"雅切蕴藉，珠联璧合""爱之深，学之厚，技之巧"（许更生），"文笔昂首写蓝天"（邓友华）。我也曾写过一首词《水调歌头·贺余元钱老师从教五十周年》，兹录于后，以为佐证：

　　北大育才子，偶巧结骚缘。苕溪初转文笔，语政课书传，绛帐新苗敲韵，庠序师生对律，明鹭叟吟延。学写授兼著，德艺立峰巅。翰墨情，桑榆志，李桃妍。诗词联赋，佳构名作誉三千。博爱无私奉献，廿载春风化雨，白雪铸鸿篇。五秩八方贺，举酒敬君贤！

二、贤者风度

余元钱老师从教五十年，历任中学高级教师、三明老年大学终身客座教授，始终挚爱自己的祖国，忠诚党的教育事业，他教书育人，倾情奉献，辛勤耕耘，兢兢业业，为国家、为社会培养了大批有用的人才，先后被评为"优秀教师""十佳优秀教师""先进工作者"等。

2002年10月，为人低调、平和谦逊的余老师在北大参加同学聚会时，面对着簪缨满座、儒冠盖顶、经纶满腹、著作等身之老同学，灵机一动，即兴发挥，戏称自己是不改乡音、不务正业、不求上进的"三不"人士。可大家对此说法不能苟同，许多老同学当场诠释他的"不改乡音"，是热爱家乡、热爱故土的表现，具有家国情怀；"不求上进"是爱岗敬业、甘当铺路石的精神，展现了辛勤耕耘、不计报酬的园丁形象；"不务正业"，是一专多能、为国分忧的写照，堪为专业与事业合为一体的最佳选择。

余老师出版诸多著述，尤其他纵横春秋，慧眼锦心，编著了《中华爱国诗词选》及续编、《中华爱国对联选》及续编，致力于弘扬中华优秀传统文化，其作品始终充满着爱国爱乡爱民的热情。他创作的《七律·庆香港回归》《五绝·喜澳门回归》《七律三首·中华赋》《七律二首·重读〈告台湾同胞书〉有寄》《满江红·南湖颂》《楹联·题陈嘉庚公园》《楹联·题陈嘉庚纪念馆》等诸多优秀诗词楹联作品，充分体现了他弘扬正气、博爱无私、温润人间的胸怀情操，满满正能量！

余老师还十分关心时事政治。对新时代国内外形势的发展非常关注。记得有一次，他在网上看到一篇评论"文革"的文章，有明显的政治错误，立即在微信群里引经据典，并摘抄党中央的文件原文予以驳斥，自觉与以习近平同志为核心的党中央保持高度一致，真切表达了刚正不阿、疾恶如仇的可贵品质。

2018年10月，厦门市老年大学诗词学会专门为余老师从事教育工作五十周年举行了隆重的庆典活动，杜明聪校长做了主旨讲话，充分肯定余老师"授业程门桃李茂，传承经典硕果丰"。来自福建省内外的众多领导、学者、诗友参加了盛会，《海峡导报》《厦门晚报》《厦门广播电视报》《海西晨报》等做了专题报道，此后汇编的《庆典诗文集》凡210多页，收录36篇讲话文章和160余首祝贺诗词楹联，这是省内外诗词教育界和社会贤达对余老师从教五十周年光荣教师生涯给予的高度评价。

在我与余老师的交往中，他对我学习诗词的情况十分关心，有了好的苗头给予鼓励；初学阶段，我因格律不熟、底蕴不足、技巧单一，常常提出这样那样的问题，而余老师总是不厌其烦，循循善诱，耐心解答；有时遣词用句直白，常把时政诗写成了"老干体"，而自己却不知其所以然，余老师知道后，就深入浅出地帮我分析，还介绍《未名论丛》上的相关论述供我参考，使我点滴入心，懂得自己创作上的问题出在哪里。你看，这就是德高望重的余老师，他在诗词界是名人大家，有口皆碑，却是那么诲人不倦、不吝赐教，即使对我这个初学者也一视同仁，帮助到位。余老师还先后为90多位老年诗词爱好者主持出版诗集并作序，细心勘误指正，此举深孚众望。

贤者，意为贤明的人，高尚的人。我以为，余老师就是这样一个令人敬仰的贤者，他由衷拥护党的正确领导、方针政策和国家大计，热爱党的教育事业，襟怀坦白，无私奉献，始终如一，踏实做人，以颇具个人特色的言谈举止、贤者风度，赢得了广大亲朋、诗友、历届学生的信任和爱戴。他是值得大家学习敬仰的学业翘楚、敬业名师、立业楷模！

三、长者风范

余元钱老师在三明工作、生活22年，曾任三明诗词学会副会长兼秘书长，麒麟诗社执行主编，三明老年大学终身客座教授，为诗词的普及、创新和提高、实践和理论的统一以及服务经济建设和文明发展做出了诸多贡献，他至今还受聘担任三明市诗词学会指导老师，《三明诗刊》、紫云山文友群、《麟山枫韵书画微刊》的顾问等，与麒麟山下、沙溪河畔的这片热土、新朋旧雨藕断丝连、一往情深。虽然2004年他随子女前往厦门定居后，离开三明近二十年，却始终不忘三明的风土乡情文化、亲朋诗友学生，总是想为三明尽一份心力，回报一份热诚，做好一些事情。

2020年，余老师应三明市诗词学会之约，根据自己收集整理的资料和经历记忆，撰写了《三明当代诗词复兴梗概回忆》，真实地填补了因年代久远而缺失的三明诗词历史沿革、发展的一段空白。

2015年，余老师应三明市政府有关单位之邀，撰写了《三明城市绿道赋》，清新典雅，熠熠生辉。2021年，余老师应三明市陈景润实验小学潘玲校长邀请，几次往返鹭明，调研座谈，实地体验，查证史料，反复琢磨，终于写出了《陈景润实小赋》，此赋旁征博引，文采飞扬，现由名家书写镌刻装饰，成为陈景润实验小学富兴新校区一道亮丽的风景线，为三明教育事业办了一件实实在在的好事！

最令人感动的是，余老师作为福建省中华古诗词进校园的开拓者、实践者、引领者，对三明市新兴的诗教试点工作情有独钟，满腔热忱，鼎力支持，多方指导。2019年，由我退休后兼任副主任的市关工委牵头，会同市教育局、市诗词学会，决定在全市部分中小学开展诗词启蒙教育试点工作。余老师得知后十分高兴，多次勉励我充分发挥自己的履历人脉条件，牵头推动持续运作好诗教试点工作，并不顾80多岁高龄先后担任两期诗教师资培训班任课教师，还将他积20年诗教经验之大成而增补主编的《诗词曲格律启蒙与创作技艺》（上下册）作为培训班教材，此后又发行200余套在三明各试点学校使用。2019年7月8日，余老师冒着酷暑出席培训班开班仪式并代表任教老师发言，他盛赞首届三明诗教师资培训班的开办为省市诗词教育史上一大创举，对续传国粹之薪火，极具深远和现实意义。

除了授课以外，余老师还兴致勃勃地走访看望了他原作为市老年大学客座教授任教的诗词班新旧学员，其话语之殷切、感情之真挚，令在场的老学员们无不为之动容，大家促膝座谈、交流切磋，兴犹难尽。

平时，余老师身在厦门，却时常关注他的第二故乡三明诗教试点工作的进展，有次看了下一段工作简要通报后，他语重心长地说："这后续工作十分重要。三明市关工委有远见，有践行力。唯有如此，方能不虚前段先行工作！"去年下半年，当他看到我所撰写的《我所经历的三明市诗词启蒙教育梗概》初稿后，立即挥笔连夜写就洋洋千余字的《功在当代，利在千秋》一文，对三明诗教试点工作进展和成果给予充分的肯定，寄予美好的期望。三年多来，在余老师的亲切关怀指导下，全市47所中小学积极开展诗教试点工作，取得了阶段性的成果；小荷才露尖尖角，各试点校园里诗声琅琅，新苗茁壮，还涌现了一批独立胜任诗教试点工作的师资新秀。

长者，指年纪大、辈分高或年高而有德望，能为后辈做出表率之人。教师这个职业是需要长者风范的，它既不基于年龄，也不基于威严，更不基于职业，而是基于深厚的学养、高尚的修为和拳拳的爱心。余老师就是这样一位具有长者风范的人民教师、著名的诗词教育家。

一生能够遇到学养深厚、修为高尚、爱心满满的余老师，是我的幸运和福气。短短几年交往，余老师的智者风采、贤者风度、长者风范，使我钦佩，让我敬仰，更让我永志难忘。

2023年2月写于三明

【参考书目】

余元钱：《格律诗启蒙》、《未名集》、《未名论丛》、《诗词曲格律启蒙与创作技艺》（上下册）、《对联知识入门与创作指南》等

厦门市老年大学：《余元钱老师从事教育工作五十周年诗文集》

杨庆桢：《明月沙溪》

【本文作者简介】

朱康元，男，汉族，笔名雪中，籍贯江苏，在职本科学历。曾当过知青，先后在三明市教育系统和群团机关工作，退休后兼任三明市关工委副主任。曾主编《三明职业教育三十年》，著有《诗话人生》。2018年5月起，参加三明市老年大学诗词班学习。现为中华诗词学会、中华楹联学会会员。

园丁楷模　诗坛巨擘

记我省著名诗人、诗词教育家余元钱老师

许　景

"甘当寸炬成灰烬，照得满庭桃李荣。"这是厦门老年大学为余元钱老师举行"从教五十周年学术研讨暨座谈会"时校领导对其诗教生涯的高度评价，也是对余老师高尚情怀、高超教艺、高雅诗格的充分肯定。

2014年，我从工作岗位上退下来后，有幸师从余老师学习古典诗词，已有六年时间。下面，我就余老师的人品与诗品谈几点印象。

余元钱老师是我省著名的诗词教育家，在国内诗词及楹联界有很高的声望。作为北大才子，他不论是在浙北边远的乡村中学任教，还是在福建三明一中、三明老年大学、厦门老年大学任教，始终以对祖国的忠诚，对党教育事业的执着，勤勤恳恳、兢兢业业地工作，为国家、为社会培养了大批有用的人才。他被厦门老年大学授予"十佳优秀教师"荣誉称号，实至名归。

一、潜心诗教，桃李满门

余老师一生淡泊名利，以博爱无私、勤奋专注的精神致力于教书育人。从1993年起，他便心无旁骛地投入老年诗词教育之中，先后走过了30个春秋。受过他诗教者数以千计。在三明市区和厦门市区，能够写作古典诗词的老年人中，十之八九都曾受益于他的教泽。余老师从2004年受聘担任厦门老年大学诗词教师以来，呕心沥血。为提高诗教水平，他几乎放弃了所有节假日，经常挑灯至半夜，编写教材、批改学生作业，为有代表性的诗词作品点评批注，在"同芯群"和《鹭江吟草》选登，起到"四两拨千斤"的作用。为弘扬国粹、挽救濒临绝后的"元曲"，他苦心钻研"元曲散曲"，编写了《散曲讲义》，开福建省老年大学"散曲"之先河。他

还在思明老年大学文安校区开设"诗钟"，弘扬国学。在市老年大学诗词提高班讲授"对联"与"赋"，把自己几十年来对古典诗词的研究成果和积累的知识毫无保留地传授给学生。

针对老年大学学员年龄大、记性差，但学诗积极性高、理解能力强的特点，余老师注意"因地制宜、因人施教"，着力在诗教结合上下功夫：一是集中授课与校外研学相结合。诗词班开设楹联课，余老师结合教学工作，多次带领学员深入厦门市的历史街区、风景名胜区、宗教场所、公园等地，实地观察、学习楹联知识，了解历史典故，挖掘创作素材，以拓宽学员的知识面。他还结合同安梵天寺魁星阁向海内外征联的契机，把入围的优秀作品分六期进行集中点评，介绍其创作特色和亮点，使学员深受启发。他还带领学员赴大田、仙游、沙县等地采风，与当地诗社及老年大学开展教学及创作交流活动，收到了很好的效果。二是网络交流与名师指导相结合。在余老师的倡议下，建立了"同芯群""玉成群""新绣梓群""联润丰吟草群"四个网络平台，用于发表学员的作品和开展诗词评议、诗教互动工作，收到了事半功倍的效果。学会及吟社还定期邀请省内诗词名家到校开设讲座，以提高学员的创作水平。三是学习与应用相结合。余老师经常鼓励大家，要坚持学习与创作并举，用自己手中的笔，来讴歌这伟大的时代。如庆祝改革开放40周年、新中国成立70周年等重大活动，余老师都提前做好谋划，结合诗词课的教学，有重点地加强时政诗写作的指导，从选题、立意，到材料的组织、如何创作等进行系统的辅导，使学员们做到有的放矢。在余老师的带领下，诗词班的新老学员以饱满的政治热情，深入工厂、农村、机关、学校、社区体验生活，潜心观察了解厦门特区改革开放以来发生的巨变，以及祖国建设的辉煌成就。学员们用手中的笔来讴歌时代，记录生活，写出了许多有血有肉的作品，深受社会各界的好评；不少优秀作品还在全国及省、市的大赛中获奖。余老师以高尚的人品传道，以渊博的学识授业，受到了省内外不少诗词名家的肯定，也得到了广大诗词爱好者的崇敬与爱戴。

二、传承经典，率先垂范

诗词，是高度凝练的语言艺术，是中华优秀文化的瑰宝。几十年来，余老师在教书育人，做好本职工作的前提下，以"为求工一字，几夜耐三更"的精神和毅力，在诗、词、曲、赋、联等领域勤奋耕耘，取得了令人瞩目的成绩。他共创作了4000多首诗词作品，有2000多首作品在《人民日报海外版》、《中华诗词》、《中国楹联报》、《福建日报》、美国《四海诗声》、台湾《汉诗之声》等海内外近百家报纸杂志上发表。从1991年起，余老师还在全国的诗联大赛，农工党中央主办的"回归颂"诗词大赛中获得一等奖。并在"李杜杯""酒泉杯""嘉庚杯""古运河杯"等诗联征赛中获得特等奖及一、二、三等奖等诸多奖项。他著作颇丰，共出版了《格律诗启蒙》《中华爱国诗词选》《中华爱国对联选》《未名集》《未名论丛》等十余种诗词曲联专著，共计200余万字。他的作品和生平，还被《当代中华诗词选》《当代百家律诗选》《当代诗词家大辞典》等50多种典籍收藏。

纵观余老师的艺术成就，主要有以下三个突出特点：

第一，品位高。"推敲落笔三分力，笔外七分品位高。"远大的理想、正直的心声、高尚的情怀，都可以在余老师的作品中找到。如其获得全国诗联大赛一等奖的《喜澳门回归》："荆发香江艳，莲开镜海馨。零丁洋上过，再不叹零丁。"大有李杜诗风，文天祥情怀，令读者感动。其咏物诗《竹韵》："风摇不改根心定，雪压翻令节骨铮。"《春蚕》："作茧功成甘自缚，吐丝身死始情阑。"托物寄怀，从赞颂竹子的品格，春蚕身死丝尽的奉献精神，来抒发作者高洁神圣的理想志趣。

第二，格调高。好的诗词作品，立足于传递正能量，格调高则诗格高。诗词作品就像蓝天上的阳光，春季里的清风一样启迪思想、温润世界、扫除颓废、催人奋进。即使是讽喻现实、鞭挞丑恶、针砭时弊、谴责黑暗，同样可以弘扬正气、砥砺精神、陶冶情操。如余老师为纪念马克思诞辰二百周年而作的《高举旗帜》："大树千寻贵有根，长河万里岂无源？皕年真谛开浑沌，八斗新诠立纪元。时代风云今孰御？环球凉热此谁扪？中华幸出经纶手，特色旌旗偕日煜。"诗作紧扣时代精神，揭示了我党在风云变幻、环球凉热的新时期，坚持马克思主义，建设有中国特色社会主义的极端重要性。又如其写的七律《三元文笔峰》的结句："文价任凭千丈落，依然昂首写蓝天。"借物咏怀，道出了诗人淡泊名利、志存高远的真挚情怀。

第三，水平高。余元钱老师的诗词曲联，不仅大气磅礴、诗风端正，而且胸怀坦荡、正气凛然。他有深厚的底蕴，坚实的学养，而且善于观察、概括，以敏锐的目光、精准的尺度投入创作，因此，所写的作品大气隽永，文采斐然。如其为陈嘉庚纪念馆所撰的楹联"为故乡兴盛，为祖国新生，倾资财于教育，谁是先驱者？曰民族光辉，曰华侨旗帜，获领袖之褒扬，公推第一人"。以及另一副获得一等奖的楹联"以天为幔，以海为襟，天海展青蓝，此地风光焉有二；与国同心，与民同气，国民争俯仰，斯人功德允无双"。立意高远，大气恢宏，被赞誉为"新鲜、大胆、奇特、浪漫"的佳作，好评如潮。此二联通过虚实结合、叙议结合、因果关联等手法，立体再现了陈嘉庚"华侨旗帜，民族光辉"的高大形象，也为新时期楹联的创作提供了有益借鉴，为中华优秀文化的传承留下了宝贵的财富。

三、家国情怀，诗意人生

"诗言志"，诗品如人品。余元钱老师虽为党外人士，但他对党、对祖国的忠诚，对事业的执着，值得我们学习。他的家国情怀，诗意人生，可从他"四十年学诗，三十年写诗，二十年教诗"的足迹中得到诠释。

余老师的作品充满了对理想与美的追求。无论是对祖国壮丽山河的赞美，对重大历史事件的感悟，对仁人志士的缅怀，对名胜古迹、喜庆节日的礼赞，还是对急剧变迁的社会生活的反思，都能激起人们的共鸣。体现的是一种理想、一种崇高、一种情怀。他心胸坦荡，忧国忧民，对现实社会中存在的贫富差距拉大、贪污腐败蔓延、社会诚信缺失等腐败现象，直抒己见，辛辣讽刺，无情抨击。如他创作的排律《为某些当官者画像》："为官之道在于乖，八面玲珑悦上怀。他说尧非随曰恶，伊云跖是便称佳。伛腰曲膝灵身段，媚态谀容巧口才。似蚁趋膻附权势，如蝇逐臭网钱财。犹精笑骂罗同伙，更善钻营觅后台。只见青云飞直上，扪参历井好悠哉。"把社会上投机钻营的贪官污吏刻画得入木三分。余老师的刺腐、刺丑、刺霸、刺狂、刺独、刺淫等"刺美诗"，无不彰显他情系黎民，秉持正义，有着强烈的历史责任感、疾恶如仇的赤胆情怀。

　　余老师关心时事，情牵家国，写下了不少"有筋骨、有道德、有温度"的作品。如《甲子马吟十韵——兼怀1894中日甲午战争120周年》《辛亥百年寄两岸》《香港回归感赋》《北京奥运放歌》《建党百年感赋》等，倾注的是作者的一腔热血，彰显的是诗人的家国情怀，读后令人心潮澎湃，豪气纵横。

　　与此形成鲜明对比的是他襟怀磊落，古道热肠。他对同事、对领导、对同学、对邻里、对弱势群体，只要能做到的，有求必应。他爱生如子，从他写的《高考科场四题》，可见师生的情义无价。他情牵桑梓，为故乡的发展变化、历史人文、乡情乡谊，写下了不少大气隽永的诗作。他知恩图报，回馈桑梓。应邀担任莆田诗词学会、仙游"飞山"诗社的顾问。他不顾年事已高，经常回故里免费开设讲座，授道解惑，诲人不倦。十里八乡仰慕他的才学，哪个村大桥落成，哪个里社牌坊奠立，有需要他作赋撰联的，他有求必应，体现的是浓浓的乡情，拳拳的赤子之心。他还为厦门中山公园、植物园、厦港"朝宗宫"、杭州西湖公园等全国许多名胜古迹撰写佳联或词赋，得到了社会各界的赞誉。

　　余元钱老师尊老爱幼，对同学、对朋友重情重义，在日常生活中带头弘扬传统美德。当他得知厦门老年大学诗词班首届学员郭顺英老人百岁诞辰，便利用星期天带上礼物前往探望，并送去他为郭老撰写的贺诗、贺联。余老师对已离校的老学员依然感情深厚，当他得知已91岁高龄的离休老干部卢生要出诗集，他担心卢老因腿脚受伤行动不便，便特地登门到卢老家中指导其整理诗稿，并抽空为卢老的诗稿进行校检批注和写序，使卢老的家人十分感动。

　　在教学之余，余老师还热心公益事业，积极参加公益活动，体现了一位老知识分子的家国情怀，也为自己的诗意人生增辉添彩。

2023年2月20日

【本文作者简介】

　　许景，福建厦门人，大学学历，国家公务员（副局级干部）。中华诗词学会会员，中华当代文学学会会员，解放军红叶诗社会员，厦门老年大学诗词学会会长。

从师深有幸，润物细无声

黄锦勋

　　我在大学学的是无线电专业，从毕业到退休前一直从事电子和计算机方面的教学工作和技术工作，退休之后进了老年大学，才成为余元钱老师的学生，开始学习诗词写作。在老师的教导和栽培下，我逐步走上了诗词创作之路，进而登上诗教讲台，成为老年大学诗词写作课的一名教师。回忆学习古诗词写作的三年时间里，老师诲人不倦、惟精惟一的教学态度，旁征博引、深入浅出的教学艺术，别具匠心、独辟蹊径的教学方式，给我留下了深刻的印象，我也在这种生动活泼、课堂内外结合的学习中获益匪浅。下面谈谈三个对我学习影响特别大的教学实践过程。

　　一是巧用同芯群（厦门市老年大学诗词班建立的学习群）这一微信平台，激发学员的创作热情。

　　入学不久，余老师在同芯群上发表了"双重校友"杨碧莲的一首五律《我有一支笔》，并和了一首。这首五律抒写一位农村孩子寒窗苦读、自强自立的心路历程，情真意切，感人肺腑，引起了学员们深深的共鸣。一石激起千层浪，学员们纷纷步和，余老师适时在群里点评引导。当时我还不熟悉五律。在这种学习氛围的影响下，我第一次拿起笔来学写五律。写出第一首后，在老师和学友们的鼓励下，又步韵写了三首，从此逐渐熟悉了五律的写作。

　　二是紧密结合学校布置的工作，引导学员进行创作实践。

　　也是在入学后不久，厦门市老年大学组织了一次"摄影作品配诗展览"活动。余老师先是组织校内外骨干学员培训，在骨干学员创作出若干首作品后，再在班级上点评指导。在余老师的指导鼓励下，这次创作实践活动又一次点燃了学员们的写作热情，不但圆满地完成了学校布置的工作，而且有效地提升了学员的写作能力。从开头对着摄影作品看了一个星期也写不出一句，到后来两三天就可以写出一首，我也在这次教学实践中得到了锻炼和提高。

三是根据不同的教学内容，创新指导方式。

在上对联课时，余老师每节课出一上联（或下联）作为作业，发在同芯群里。针对学员写作中出现的共性问题，在课堂上进行讲评，并引导学员参与讨论。余老师出的对联题，紧密结合时政或时令，格调高雅，句式多变，用事典雅。比如在纪念厦门特区成立三十五周年时，余老师出的上联是："春风先绿海西岸"，我对的下联是："旭日初红湖里村"。在迎接金砖会议厦门会晤时，余老师出的上联是："金砖五国，垂青鹭岛"。我对的下联是："玉座几人，浮白龙舟"。我们在欣赏老师的佳构妙句中学习写作，在学习写作中收获了乐趣和进步。

2018年3月，在从师两年后，余老师推荐我到思明老年大学前埔南分校和海沧老年大学任诗词写作班的授课老师。2021年10月，余老师生病后无法重返讲台，又推荐我到厦门市老年大学诗词写作班任教。当了老师之后，我更加敬佩余老师默默奉献的铺路石精神，任劳任怨的孺子牛精神和燃烧自己、照亮别人的红烛精神。诗词写作课与老年大学的其他课程不同，它需要任课老师在课外付出大量时间和精力为学员批改习作。余老师当时任课的三个班级有百余名学员，加上校外的老学员，数以百计的学生经常请求余老师批改习作。经常在诗群中看到，已到深夜12点多了，余老师还在挑灯工作，还在点评答疑。余老师在课外付出的时间不知是课内的多少倍！在余老师的精心指导下，学员中先后有80多人出版了个人诗集。每一本学员的诗集，都凝聚着老师的心血！

当了老师后我经常在想，以余老师80多岁的年龄，还任劳任怨地坚守在老年大学的讲台上，为的是什么？为名吗？余老师写了5000多首诗词，出版了十几本专著，在国内诗词联大赛中屡屡获奖，早已诗名远扬。为利吗？在老年大学当教师是半公益性工作，根本谈不上利。我想，答案只有一个：那就是对党的教育事业的一片丹心，对古典诗词这一祖国传统文化瑰宝的无限痴情！

下面录一首《贺余元钱老师从教五十周年》的小诗来作为结束语：

> 除却诗书百不求，冰清都付锦囊收。
>
> 金声白雪三千赋，红烛丹心五十秋。
>
> 自有菁莪播名德，何须冠带附风流。
>
> 弘扬国粹传薪火，日迫崦嵫景更遒。

【本文作者简介】

黄锦勋，1956年出生，1982年毕业于福州大学无线电系。曾任教于集美航海学院，后供职于工商银行厦门分行。现为中华诗词学会和福建省诗词学会会员、厦门市诗词学会理事、厦门市三所区老年大学诗词课教师。

自树诗坛别一家

谈谈余老师的诗词

游生忠

余老师是我国当代诗人、教育家，全国首批诗教先进工作者，我曾经在庆祝余老师从教五十周年的一篇文章中（详见"专辑"和厦门报纸），做过概括性的发言（详见"专辑"与厦门报纸）。今天，我想讲的是余老师在诗词创作方面的几点特色。

余老师的著作有十多部，其中诗词作品5000多首，这是一个庞大的数字，证明了他的勤奋；不仅仅是数量问题，关键在于质量，质量才是它的生命。我是1996年投在余老师门下的学生（那时，他还在三明一中教学岗位上），跟他后来办诗词班的学生比较虽然属于"编外"，但是几十年一直密切联系着，并且不断地受到余老师的指导，因此对他20多年的诗词创作状况比较熟悉。

2018年2月1日，我以1984年创立的紫云山文学社为基础创建了紫云山文友群，余老师及时加入该群，成为其中顾问之一，指导工作的开展。他拥有数千弟子，遍布天下，影响着成千上万的弟子和广大的诗词爱好者，同时，他也把弟子源源不断地推介进文友群。

五年来，我发现了他身上一些不同于一般诗人的特性，下面介绍一下他的诗词特点。

一、鲜明的时代性

他有敏感的政治嗅觉，对于国内外形势能够及时准确地做出反应，比如2019年，国内出现疫情，他第一个创作了关于疫情的作品，而且后来连续创作了20多首；在他的带领下，紫云山文友群出了五六期关于疫情防控的专辑。他的这些作品，很快获得了弟子们在各种微信群和刊物上积极的响应，推动了诗词的发展。

2022年12月27日，他在诗中写道：

野火与春风
当下疫情一瞥

余布泉

胡处是清境？茫茫无所行。

人慌乃羊乱，城恐亦乡惊。

此伏彼犹起，霜消雪又倾。

春风何日郁，枯草复生荣？

【注】枯草：狼藉之枯草，犹如疫情笼罩下城乡惊恐乱象。

这首诗，表现了作者对于时局的深切关注。

他的诗作中，有两个系列非常典型，一个是三明的公交站，一个是厦门的地铁站，都写了30多首，为宣传福建省的三明市和厦门市的建设做出了贡献。

二、鲜活的生活气息

他生长在福建仙游，曾经在三明担任中学教师20多年，退休之后到厦门生活又20多年。有空时，经常到三明、大田、老家仙游等地游走，还经常参加厦门楹联界、诗词界、文联、社区等文化活动。平时，厦门市大小报刊、电台记者采访、"专题"报道，全国各地又不时有弟子、同学、朋友来访，他都热情地招待和应酬着。他精力旺盛，每天写作到深夜，把自己的活动化为作品，包含着各种信息。他的一系列创作活动牵动着大量的诗词爱好者的心。

三、深厚的文化底蕴

从他的诗词作品中，可以看出有深厚的文化底蕴，用典娴熟、得当，能够言简意赅，以一当十，耐人寻味。现以其2月16日新作为例：

自古文峰险　同当健步攀
——甚谢林慧君、陈青两位编辑和撰稿人徐杨登门赐教
余元钱

后生诚可畏，老朽本归闲。
却获小斋访，又蒙嘉旨颁。
粗茶权敬客，雅兴尽欢颜。
自古文峰险，同当健步攀。

2023年2月16日于文馨园

诗虽然短小，却包含多个典故，诗中间二联，"小斋"与"嘉旨"、"粗茶"之句，对仗工整、精当，以"后生诚可畏"开头，以"同当健步攀"收结，可见为人处世圆融通透，从中折射出一个老诗人的深厚文化涵养和谦恭自牧的修为。这样的作品，读起来令人回味无穷。

四、精湛的诗词艺术

余老师学识渊博，他的诗，越来越好，步入了炉火纯青的阶段。
最近，他创作了两首诗，现在分享给大家。

陈泽辉先生《玉之美》阅后感作

余元钱

玉之美也蕴涵深，天物国魂融一琛。

韵散双兼殊道径，骚文合一别胸襟。

田黄巨著春秋笔，月夜长诗唐宋音。

重读缱绻思绪涌，汝吾苔异却同岑。

2023年2月13日于厦门文馨园

评骘"墨林杯"诗卷寄语

余元钱

酷爱葩经尚众多，沓来纷至卷堪驮。

千年汉墨争承继，三绝华翰喜琢磨。

命不方焉声韵叶，规无侀矣俪骈和。

吾侪更望登堂室，意境楼巅凭放歌。

2023年2月15日凌晨

　　他的这两首诗都是七律，中间两联都写得相当漂亮，前一首："韵散双兼殊道径，骚文合一别胸襟。田黄巨著春秋笔，月夜长诗唐宋音。"后一首："千年汉墨争承继，三绝华翰喜琢磨。命不方焉声韵叶，规无侀矣俪骈和。"大家细细地品味一下，这样的诗句，多么精美！回过头去再看看这两首诗，你会知道，全诗意境和谐，浑然一体。

　　诗，为文艺的轻骑，可以说是文化中的精品。一首好的诗，微言大义，意味深远。

　　我写诗不多，但是已经有40余年，而且是文友群诗词编辑，阅诗无数，天下称诗人者芸芸，自以为是者亦可曰非少。但是，我深深地感受到：诗能写得如此，方可称真正到家。

近五年来，余老师的著述丰厚，除了三明和厦门两个系列，还有北大系列，关于他家乡"五星村"系列，其中对我国传统的韵书"平水韵"创作了系列作品，对于弘扬传统的诗词文化做出了非常有价值的贡献，"功在当代，利在千秋"。

余元钱老师学生之多，一般教师难以企及；著作之丰，亦非寻常之辈可比；其在诗词方面的建树和功绩，足以用"高山仰止，景行行止"来形容了。

我才疏学浅，见识不广，奉师命而作此文，属于班门弄斧，敬希师友和高手见谅并赐教！

2023年2月16日上午
草于立雪庐创研室

【本文作者简介】

游生忠，1957年生，福建永安市人，中学退休教师，中国民间文学艺术家学会会员，福建作家协会会员，紫云山文友群群主、总编。

润物无声　师恩永驻

浅论余元钱老师的诗词创作与育人成就

涂丽仙

在厦门老年大学一个偶然的机会，我报上诗词班。那是2013年的夏天，我退休后进入厦门老年大学诗词班，有幸成为余元钱老师的学生。时光荏苒，十年弹指一挥间，我不仅深深地感悟到余元钱老师的诗词教学与写作技巧，更是领略了余老师的为人品格与学者风范，三尺讲台，成为他驰骋古典诗词的万里疆场，在我们心中树立起一座诗词创作的丰碑。

诗从意境来，这是余元钱老师坚持的施教重点。古典诗词并不像现代的"打油诗"，尤其律诗严格要求符合三要素，而在严格要求下让诗中充满意境，耐人寻味。余老师在教学中非常注重引导学生领悟诗中意境，并"嵌入"我们的诗词创作之中。比如在评析马致远的"枯藤老树昏鸦，小桥流水人家"元曲中，余老师不仅引导学生赏析其中用词的美妙，更是给学生描绘了一幅秋日黄昏时分静谧萧瑟的日暮秋景图，让学生领略古代诗词的惟妙惟肖。又如在学习李白的"飞流直下三千尺，疑是银河落九天"的诗句时，又引导学生学会运用夸张和比喻的手法，去采撷享受诗中意境。将飞流直泻的瀑布描写得雄伟绮丽，宛如一幅山水画，"疑是银河落九天"更是用浪漫的手法带你走近瀑布、进入想象，把瀑布勾画得出神入化。

余老师重视培养学生写诗的意境，他自己更是身先士卒，率先垂范，为学生做表率。比如在他的《陈泽辉先生〈玉之美〉阅后感作》一诗中写道："玉之美也蕴涵深，天物国魂融一琛。韵散双兼殊道径，骚文合一别胸襟。田黄巨著春秋笔，月夜长诗唐宋音。重读缤细思绪涌，汝吾苔异却同岑。"诗中的"田黄巨著春秋笔，月夜长诗唐宋音"把你带进了浩瀚无边的唐宋"诗海"里，回味在唐诗宋词的音韵中，充满意境，充满想象，充满诗句的韵味。

诗从生活来，这是余元钱老师秉承的育人准则。任何创作，都必须源自生活，高于生活，作品才会富有生命力。从这点出发，余老师十分注重引导学生深入生活搞创作，写出有血有肉有生命力的作品来。诗词班开设楹联课，余老师结合教学工作，多次带领学生深入历史街区、名胜景区、宗教场所、公园等地，实地观察、学习楹联知识，了解历史典故，挖掘创作素材，以拓宽学生的知识面。他还带领学会骨干赴仙游、大田等地采风，与当地诗社及老年大学开展教学及创作交流互动活动，如2018年初冬，三明市诗词学会成立，余老师、黄奇�和我应约参加成立大会，余老师带领奇�和我提前一两天到大田县、济阳等乡村采风，首先到上丰村的一支从江西迁移过来的祖祠"豫章堂"，探其脉络源流。豫章即古南昌，也就是唐代王勃《滕王阁序》文中的"豫章故郡，洪都新府"。祖祠堂上有很多名人名联，余老师带领我们，给我们一一详细介绍。而后又到了乌山头景区，住在海拔1000多米的乌山头，赏景区，赋诗作。余老师不辞辛劳，第二天又回到济阳乡政府，受到乡政府杨道成书记等热情招待并陪同游览美丽灵动的济阳田园风光，采风后发动诗友们写了有关灵动的济阳风光的诗词楹联作品。

再如，2019年6月30日至7月1日，厦门老年大学鹭江吟社采风团一行10人在余老师的带领下，赴大田县采风及开展诗艺交流活动。此次采风活动是由大田诗社潘文轩社长牵头运作并盛邀全省四市六县的80位诗友参加，可谓是盛况空前。采风团所到之处，均受到了热烈的欢迎。《第二次大田之行——联谊磋诗艺，赓歌颂山乡，厦门老年大学鹭江吟社赴大田县采风记》，是新中国成立70周年，为多角度报道祖国建设成就、讴歌山乡巨变之作。

6月30日上午，在大田翰霖泉山庄举行雅集。来自省县各地的诗友欢聚一堂，雅道赓歌。诗友们展示才艺，再现了古人"兰亭雅集"的盛况。此次诗友集会，余元钱老师成了盛会的亮点。来自全省各地的诗友，有不少人曾经是余老师的学生，或直接、或间接地得到过余老师的教泽。因此，他们为能与恩师同台展示诗艺而欢欣鼓舞。同行的诗人、著名书法家王璧老师以及书法家涂联友，挥毫泼墨，为屏山大仙峰"茶美人"景区及济阳乡人民政府留下了多幅墨宝。其中一首余元钱老师的佳作《大仙峰茶美人景区一瞥》，影响很大。诗序曰："己亥盛夏，厦门一行十人，赴岩城屏山大仙峰茶美人景区采风。登木梯，上岭巅，望莽莽茶林，步蜿蜒栈道，览缥缈之云岚，探参差之丘壑，收眼底之别致壶觞，闻亭间之悠扬琴曲。恍入方外幽乡，忽生醉中绮梦。情不能胜，而缀此记焉！"诗曰：

　　　　拾级天阶上，临巅望莽苍。

　　　　高低涌丘壑，断续闻宫商。

　　　　壶吸乾坤气，茗飘云雾香。

　　　　人生两间里，几可近仙乡？

2019年6月30日

　　此佳作由吴忍成书写，成书后挂在国家4A级景区大田县茶美人景区游客中心，此次山乡文旅之行，余元钱老师给骚客们留下美妙的诗篇，此佳作给景区增辉添彩。吴文盘董事长要求全体员工将此佳作熟悉并会朗诵，弘扬传统文化，也带来真正的文旅双丰收。

　　在余老师的带领下，诗词班的新老学生以饱满的政治热情，时常深入工厂、农村、机关、学校、社区体验生活，潜心观察了解厦门特区改革开放以来发生的巨变，以及祖国建设的辉煌成就，运用手中的笔来讴歌时代，记录生活，写出了许多血肉相连的作品，深受社会各界的好评；余老师尤其关心时政，经常引导学生深入生活，结合时政，讴歌正能量。如庆祝香港回归20周年、庆祝改革开放40周年、庆祝新中国成立70周年、庆祝建党100周年等重大活动，余老师都提前做好谋划，结合诗词课的教学，有重点地加强时政诗写作的指导，从选题、立意，到材料的组织、如何创作等进行系统精心的辅导，使学生们创作有的放矢，不少源于生活又反映生活的学生优秀作品还在全国及省、市的大赛中获奖。

诗从人品来，这是余元钱老师始终追求的目标。余元钱老师毕业于北京大学哲学系，系中华诗词学会会员，福建省诗词学会原理事，福建省作协会员；厦门市诗词学会原副会长和厦门市楹联学会顾问；北京汉墨书画院名誉院长兼"墨林杯"全国诗词大赛和北京汉墨书画院评委。执教50多年，桃李满天下。他创作了3000多首诗词作品，有2000多首在《人民日报海外版》、《中华诗词》、《中国楹联报》、《福建日报》、美国《四海诗声》、台湾《汉诗之声》等海内外近百家报纸杂志上发表，还在全国的诗联大赛，农工党中央主办的"回归颂"诗词大赛中获得一等奖。他编著有《中华爱国诗词选》《中华爱国对联选》（均由中宣部学习出版社出版）和诗教教材《诗词曲格律启蒙与创作技艺》（上下），四十年学诗、三十年写诗、二十年教诗之诗词曲联作品选《未名集》，诗词曲联论著《未名论丛》（上下），对联教材《对联知识入门与创作》，辞赋教材《赋之基础及写作》等十多种诗文论著和教材等，近200万字。主编《五星古今诗词选》，为学员和省内外诗友出版并写序100多卷诗集。先后两次出席全国诗词研讨会和首届全国诗教先进单位经验交流会，并在大会上做诗教经验交流发言。先后被评为"优秀教师""十佳优秀教师""先进工作者"等。如此允文允武、硕果累累的文人长者、优秀老师，却一直为人低调、平和谦逊，用自己的人格力量去征服所有人。2002年10月，他参加北大同学聚会时，面对着簪缨满座、儒冠盖顶、经纶满腹的老同学，他灵机一动，即兴发挥，戏称自己是不改乡音、不务正业、不求上进的"三不"人士。可大家对此说法不能苟同，许多老同学当场诠释他的"不改乡音"是热爱家乡、热爱故土的表现，具有家国情怀；"不求上进"是爱岗敬业、甘当铺路石的精神，展现了辛勤耕耘、不计报酬的园丁形象；"不务正业"是一专多能、为国分忧的写照，堪为专业与事业合为一体的最佳选择，"三不"从另一个角度得到了老同学们的一致认同。低调是一种个人修养，是一种文化内涵，是一种人格力量，是贯穿作品始终的"精气神"。余老师以他高尚的人品传道，以渊博的学识授业，受到了业内外不少诗词名家的肯定，也得到了广大诗词爱好者的崇敬与爱戴。

2023年6月5日于鹭江吟草书画苑

【本文作者简介】

涂丽仙，女，汉族，笔名夷仙，祖籍福建泉州，南安人。华侨家庭，出生在仙游糖厂，原姓雷，后在大田长大，父亲为马来西亚归侨，改姓涂。现居厦门。曾任厦门市老年大学诗词学会副会长兼秘书长，现任厦门联润丰文化传媒总经理，鹭江吟草书画苑主编。中华诗词学会会员，中华诗词杂志发行站站长。

杭州余杭老学生评论集萃

"经师易遇，人师难求"，而在我一生中却遇到一位既是"经师"更是"人师"——余元钱老师。

—— 熊云龙（68级首届学生，杭州禹航建设公司常务副总经理）

润物细无声。余老师母校仙游一中资深语文教师周成勚说："能讲授古典诗词的人很多，讲得好的人也多，但能讲又能写好古典诗词的人不多。像余老师那样讲得好，又写得好，能经常获奖，而且又能指导学生写好古典诗词的人更少。他作为诗词联教育家，取得这么大成绩，而且从教50多年，大概全国也绝无仅有。"我十分赞同此话。余老师在余杭与众多学子和父老乡亲同呼吸共命运，把青春岁月都留在余杭，把满腔热忱都献给了余杭的教育事业。余老师的人格魅力，感染着我，影响着我，让我受益匪浅。我常以司马迁《孔子世家》中的话，表达对余老师崇敬之情："'高山仰止，景行行止。'虽不能至，然心向往之。"

—— 潘国成（68级学生，余杭中学高级语文教师。恢复高考后，于1977年首批考上大学的学生）

余老师不仅是传授我知识的恩师，也是教我做人的益友，我庆幸自己今生能遇到这样一位德教双馨的良师益友。有位伟人说过，一个人做点好事并不难，难的是一辈子做好事。余老师从教一辈子，五十年如一日，教书育人初心不改，忠于党的教育事业，坚守三尺讲台，安于清贫，奉献一生。余老师如今是中国著名的古典诗词专家，虽年届八秩，但仍奋战在厦门老年大学的诗词联教学讲台上。讲学、点评、写作，乐此不疲，笔耕不辍。他桃李满天下，高足遍神州，但又心静如水，使后人高山仰止景行行止。

—— 遥先华（69级学生，毕业于北京航空学院社科系，曾在余杭区政府多个部门担任领导，后在大型民企任党委书记兼副总裁）

1968年9月，余老师工作第一站来到永建穷乡僻壤，整整工作10年，条件非常艰苦。没有老师，余老师身兼数课；没有课本，《毛主席诗词》是语文课本，《红旗》杂志、《共产党员》杂志、《人民日报》是政治课本。在他的努力下，在生产队的谷仓里终于传出了琅琅的读书声。作为创始者和老师，是何等的艰辛！余老师是中国有情怀的知识分子的代表，是民族的脊梁、祖国的栋梁。

余老师对学生既喜欢文静听话的，也欣赏活泼调皮的；既表扬进步的，也鼓励和鞭策落后的。在他的鼓励和赞美下，学生们心里打上了深深的烙印。个个觉得自己是最棒的，是国家的栋梁之材，将来一定要报效祖国。余老师言传身教，教会我们的不仅是文化知识，更重要的是做人的品德、格局和胸怀。因为，他自己就是那样的人。这些不仅影响了我们这些学生，同时影响了我们的家长，也把这些优秀的基因传给了下一代。作为他的学生，我们是何等的有福气！在那个时代，永建中学硬件不是最好的，但教学质量是一流的！人才济济，桃李芬芳，从这所学校走出了无数的教师、企业家、艺术家、军人领导干部、科技人员、公务员等，他们在各自领域发挥了重要的作用，受到了人们的普遍认同和赞扬。

——邢华（女，1958年生，教授级高工，原余杭环保局副局长，杭州市环保局固体废物监管中心主任，杭州市九、十届政协委员）

余老师从教50年，我是他成千上万学生中的普通一分子，他却是我人生的导师。"谋事在人，成事在天"这八个字，曾经激励我1978年考上师范。它在我人生的每个转折点，像是一盏明灯照亮着我，激励着我克服困难努力前行。人们常说，教师工作是崇高的事业，而在我看来，教师的崇高绝不仅仅是传道授业，又绝不仅仅是蜡炬成灰式自我牺牲精神，而是要做点燃学生心灵的明灯，引导他们在人生的路上奋力前行。师恩难忘，感恩余老师。

——屠水洪（1959年7月生，浙江余杭人。1978年考取浙江严州师范中文专科，1981年工作后，曾担任初高中语文教师、中学校长。20世纪90年代中期进入房地产行业，后任杭州金成房地产集团副总裁）

我们的幸运是遇上了班主任余老师，一位从我们国家最高学府出来的北大学子，知识渊博，教学严谨，厚爱学生，以学校为家（余老师是福建仙游人，平时吃住都在学校，老婆孩子都在福建，由于当时条件所限，余老师有时几年才回一趟老家），全身心地投入教学工作。在当时极其艰苦的教育环境和生活环境中，余老师安心工作，潜心教学，得到了同学们的敬仰和尊重。虽然40年过去了，但余老师上课时的手势动作和不太标准的普通话（带有乡音）仿佛就在眼前和昨天。

——钱胜华（永建中学第一届高中生。毕业后在永建中学任教7年，后经考试从警10年）

感恩今生能遇上余元钱这样一位德艺双馨的老师。当学哥学姐们在会场回忆年轻时的您：从北大毕业来到穷乡僻壤，不畏艰难，坚定地留守在乡村学校。当他们在人生旅途上迷感彷徨时，您给予他们精神上的慰藉和鼓励。您博学而谦虚，既没有豪言壮语，也没有醒世恒言；您安于清贫，把满腔热忱奉献给了中国的教育事业；您用自己的人格魅力，影响着您的学生，激励着您的学生；您的才华情操代表着真正中国知识分子的风骨。听着这些，我内心强烈感受到一种力量，禁不住热泪盈眶。

尊敬的余老师，如今您已年过八旬，依然笔耕不辍，活跃在厦门老年大学的讲台上，更是把生命中的点点滴滴化作创作的源泉，谱写了一首首、一篇篇的诗赋。在漫长的人生之路上，您是我们的榜样，是我们的向往。祝福老师健康长寿！祝福阖家美满幸福！

——邢玉（女，1963年生，杭州余杭经济建设投资公司，经济建设房产公司财务总监）

师恩伴我一路行。45年前，我幸运地遇上余元钱老师这样的大师，在我的舞勺之年点亮了理性的光焰，一直照我至今。余老师为人处世治学的原则、精神、风格等深深地感染着我们。

一是老师的豁达乐观爱国情怀。在20世纪70年代末80年代初的艰难岁月中，我们看到的老师却常常乐观大度积极，住在小阁楼研究学问，在古诗词领域独步春秋，水平日高。课余，老师还在课程之外教了我们一些古诗词写作的知识，所以，我今天仅有的古诗词写作知识均来自余老师。随着与老师的接触增多，那种正直、自我进步，无形中影响了我们很多人的人生追求，让我们明白了是非、善恶、美丑。那时候就有一个强烈的感觉：老师是一本厚实的书，让我们学到了很多，课堂教学只是其中一部分，而老师的人生阅历与认知是指导我们成长的最好的教科书。老师不仅水平很高，精神更可嘉，时时处处都有诗词作品呈现，我们非常佩服老师的高产、精力和学识。老师犹如一个高高在上的明灯，始终在引领我们不断进步。

二是老师的博学多才学富五车。老师的水平非常高深独特。而老师的课堂教学更是独特，他能把抽象的知识用生动、具体的语言通俗易懂地教给我们，让我们心领神会，而且特别有逻辑性。好的教学能在学生心灵深处埋下家国情怀的种子。老师带给我们很多前瞻性的思考、理性的分析，让我们班多了很多思考者和思辨家。而老师的才学更令我们肃然起敬，老师是学哲学的，但老师业余自学成才，他对古诗词的热爱和造诣令我们惊叹。今天，老师已经是耄耋之年，但老师诗词作品产量依然丰盛。老师始终心怀热烈的情感，对人生、对社会、对国家充满着热爱和激情。老师作品中无论是典雅辞藻，还是简朴文字，都让人回味无穷。

三是老师的淡泊名利超然物外。余老师最突出的就是宽容和善、潜心学问、淡泊名利的情怀，老师因而赢得了广泛的尊重。我们同学多次去过老师的斗室，只记得那儿除了小床、小桌、椅子、简易书架之外，一无所有，我们惊诧于老师怎么在这么简陋、乏味的地方一住很多年，原来老师专注在自己的学问世界，精益求精，一辈子浸淫其中，达到了很高的境界。

前几年，举行老师执教五十周年纪念活动时，我们好几个学生从杭州、广东多地赶往厦门，专程去参加了庆典，为老师而骄傲，以老师为榜样，老师从学问到做人都是我们一生追随的楷模。

——赵丽萍（女，中共杭州市委党校余杭区分校副校长，杭州市城市学研究理事会余杭分会负责人，余杭区关工委讲师团团长）

在我的心里，住着这样一位老师，他知识渊博，视野开阔，才华横溢，在北大校园意气风发，学有成果。他，就是余元钱老师。

余老师担任我们年级政治教学。他的教学很有特色，思维缜密，条理清晰，政治的大背景、小环境与我们的教本总是结合得贴切易懂，一口夹带莆仙方言的普通话让我们记忆犹新。记得我们班的政治考试曾获得全县第一名，让我们感到无比自豪！在中学岁月中，我和同学们也与余老师结下了深厚的友谊，嘘寒问暖，交流学习，其间老师的诗词天赋与成就让我们感受到了诗词的魅力！一段故事、一个场景……在老师笔下变成了一首首有着深厚底蕴的诗词，里面有着富有含义的典故，让我们与古老的中华文化连接起来，学习、传承、弘扬……意犹未尽。

——张帆（女，1965年生，太炎小学、余杭中学就读，杭州师范大学英语系毕业。1989年进章太炎纪念馆担任中英文讲解员，并长期从事博物馆宣传教育工作，现为杭州名人纪念馆"唐云艺术馆"副馆长）

我也是有34年教龄的老师了，看到学生的成长和进步是我最开心的时候。当老师的追求，第一步是做"经师"，能做"经师"已经很不错了。第二步是做"人师"，做人生导师。余老师是"经师""人师"皆备，所以余老师永远是我学习的榜样，是我永恒的恩师！

——沈健龙（1965年生，浙江余杭人。杭州师范大学毕业，后学历为大学本科。中学高级教师。在杭州市余杭区教育局供职17年，现任杭州市临平街道中心学校党委书记、校长。曾获评浙江省优秀团干部，杭州余杭市首届十大杰出青年）

　　师者余公，一生挚爱，三尺讲台，五十载风雨润物，不言桃李已成蹊。鹤发童颜，初心不忘，热血诗意沃新花。

　　——田明娟（女，1965年9月23日出生。浙江省杭州市余杭区人。从事灯具生产业，现任广东中山市索麦特灯饰有限公司总经理）

　　教诲之恩卅年难忘。安居在鹭岛之滨的八旬长者，四十年前的机缘，使一懵懂少年，从此爱上哲学，勤于思考，勇于实践。于此纷杂世间，特行独立之人格品行之养成，实为先生之功德也。教诲之恩，四十年来没齿难忘！

　　八十载风云，五十年杏坛，至今仍笔耕不止者，先生也。一介书生，布衣皓首，以诗书闻天下者，先生也。师者传道授业解惑，而以道传四方弟子，能受益终身者，吾师也！

　　——龚勇（浙江余杭中学初中81届学生，广东社科院在职研究生学历，广州大学中法旅游学院特聘教授，广东清远市旅行社行会会长。退役陆军上校，二等功臣）

第四辑　附录

大事年表

1938年	7月21日，出生于仙游县游洋镇五星村沽洲自然村。
1947年（9岁）	3月，在村里就读私塾，后在坑腰、沽溪续读。
1952年（14岁）	3月，在五星小学读二年级，学习白话教本一年半。
1953年（15岁）	9月，由郑瑞晖老师推荐跳级到古邑中心小学，从四年级读至六年级。其间，任校学生会主席和少先队大队长。毕业　时被保送仙游一中，但因家庭原因放弃保送。
1956年（18岁）	蒙父亲友人温玉梓点拨，参加中考。9月，在仙游四中读初中。其间，任校学生会主席、校团委副书记。初中毕业时，被保送仙游一中读高中。
1962年（24岁）	参加高考，第一志愿北大哲学系被录取。9月在北大哲学系开始学习。任62级二班班主席。至1967年毕业，待分配一年。
1968年（30岁）	上半年待分配期间，在中文系楼道上拾到王力主编《古代汉语》第四册，中有《诗律》《词律》，从此开始学习诗词。9月，被分配到浙江余杭乡下永建中学，任教语文，讲授毛泽东诗词，为后续诗词的发展奠定了基础。
1978年（40岁）	9月，在浙江余杭县余杭中学任教政治兼任班主任，曾被评为余杭县教育先进工作者。课余时间研究诗联。其间，

集注100多副古今名联，以长、辣、神、妙、趣、新六类分注。手抄两巨册《联对选奇》（上下），为后来出版楹联书籍，积累第一手资料。

1982年（44岁）　　11月7日，调入福建三明一中，任教政治直至退休。其间兼教诗词选修课5年。

1984年（46岁）　　任教三个班高中政治课并任班主任。课余，开始习作诗词。诗作在《三明报》《贵阳晚报》发表。从此正式开始诗词创作生涯。

1985年（47岁）　　1月1日，第一次写长调词《东风第一枝·庆祝八五年元旦》。这一年创作诗词、对联近百首（副）。多在《三明报》《贵阳晚报》发表。

1986年（48岁）　　全年共创作诗词116首，进入创作旺盛期。其中词27阕。长调词则有《满江红》《金缕曲》《沁园春》《念奴娇》等11阕，第一次在《诗词》报发表《步韵和台湾林恭祖〈春节怀大陆〉》七律一首。

1987年（49岁）　　10月，参与筹备三明市麒麟诗社，后任《麒麟诗词》责任编辑。创作140多首诗词作品。

1988年（50岁）　　5月，作为三明市代表之一，参加福建省诗词学会成立大会，后又任省诗词学会理事。这一年创作130多首诗词。并开始在广东《诗词集刊》、湖南《岳麓诗词》、江苏《江南诗词》、广西《八桂诗词》等全国10多家诗刊发表。

1989年（51岁）	被评为先进教师。在33家刊物发表近200首作品。
1990年（52岁）	业余创作诗词123首，在全国34家报刊发表200多首。作品入选大型出版物《全球当代诗词选集》《当代八百家诗词选》《风韵寰瀛——广州诗词报诗词选》等。
1991年（53岁）	创作诗词130首。作品在全国30多家报刊发表。获黑龙江主办的"镜泊金秋"全国首届诗词有奖大赛二等奖（福建唯一获奖者）。
1992年（54岁）	业余创作诗词125首，在全国20多家报刊发表诗联。其中，首次在由中华诗词学会主办的《中华诗词》上发表《登昆仑感赋》一律。
1993年（55岁）	业余创作诗词联103件，在全国23家诗词报刊发表近百首。兼任三明市老年大学教师，开设诗词班，编著了《近体诗格律》《词的格律》《古体诗基本知识》三本讲义。在"明玉杯晋江颂"海内外诗赛中，七律《重访晋江市》获得三等奖。
1994年（56岁）	由中华诗词学会主办、广东诗词学会承办"李杜杯"全国诗词大赛中，作品长调词《念奴娇·昆仑》获得佳作奖。
1995年（57岁）	业余创作114首作品。在《人民政协报》等14家报刊发表数十首。在中华诗词学会主办全国性"鹿鸣杯"全国诗词大赛中，五律《砥柱山》和《曾母暗沙》均获佳作奖。
1996年（58岁）	创作诗词93首。其中长调词共13首，为历年来创作最多长

调词。在《杂文报》《洛阳日报》等近20家报刊发表80多首作品，《诗词点评之我见》一文获得"振万杯"全国诗词大赛三等奖，并入选由鹭江出版社出版的《刺桐春韵》一书。

1997年（59岁）　在三明一中首开诗词选修课。讲义《近体诗格律》由三明一中正式出版，名为《格律诗启蒙》。获"回归颂"中华诗词大赛一等奖。

1998年（60岁）　正式退休。专事任教三明一中诗词选修课和市老年大学诗词课。获由中华诗词学会主办的"黄果树杯"海内外诗词有奖大赛三等奖，"纪念营口解放五十周年'东林杯'全国诗词大赛"佳作奖。

1999年（61岁）　创作诗词联文102件，其中论文11篇。由酒泉汉武集团、甘肃省诗词学会、兰州大学中文系联合主办海内外征联大赛中，四十言（单边）应征联获得二等奖；作品获福建省书画学会主办的全省老干部征诗一等奖。

2000年（62岁）　作为诗教代表参加在深圳举行的全国第13届诗词研讨会，并在大会做《诗词之青春——三明一中诗词选修课纵横谈》诗教经验介绍。

2001年（63岁）　创作诗词联之余，转向诗联论文著作，创作诗词联文89件，其中论文18篇。在广州《诗词》报、贵州《乌蒙诗刊》（现更名为《乌蒙诗词》）等发表诗联论文及鉴赏文评。由福建泉州举办的"施琅杯"海内外诗联大赛上，作品《重读〈告台湾同胞书〉有寄》获得二等奖。

2002年（64岁）　　创作诗词联文192件，其中论文7篇。在《诗词》报等全国10多家报刊上发表。代表三明一中出席由中华诗词学会在杭州召开的首届全国诗教先进单位经验交流大会，在会上做《中华绝学喜重光——福建三明一中五年来开展诗教工作总结》发言。由厦门市海外联谊会、集美校委会、厦门楹联学会联合举办"嘉庚杯"海内外征联大赛中分获一等奖、三等奖、佳作奖。三明市林委和《三明日报》主办"虎头山"征联分获一等奖、二等奖。

2003年（65岁）　　创作诗词联文93件，其中论文6篇。在《三明侨报》《中华诗词》等11家报刊发表诗文40多件。

2004年（66岁）　　定居厦门，并任教厦门市老年大学诗词班。创作诗词联文127件。其中楹联29副，论文23篇。在中国楹联学会主办的《对联》月刊等14家报刊上发表30多件诗文。《纪念民族英雄邓世昌殉国110周年》三首中有二首获广东《岭南诗歌报》一等奖。作品获《厦门日报》新春征联一等奖。作品分获《厦门晚报》征诗一等奖、征联三等奖、佳作奖。本人选注《中华爱国诗词选》。继续在《中华诗词》等13家报刊发表近百件诗联文。从本年至2011年连续6年获厦门市委老干部局主办《鹭江银潮》月刊"优秀作者"奖。五首近体诗和五阕长调词收入了由作家出版社出版的《诗鉴》《词鉴》。

2007年（69岁）　　主编《鹭江吟草》月刊。创作诗文96件，其中文章23篇。在《厦门政协》等16家报刊发表60多件诗文。

2008年（70岁）　　获广东电视台主办的古典诗歌创作大赛入选奖。10月29

日，在西南政法大学"国学论坛"为该校学生开《古典诗词的欣赏与创作》讲座。

2009年（71岁）　　出版《诗词启蒙和学作选评》教科书。论文《重阳习俗与现代文明》获《前进论坛》杂志社"好文章"奖。12月26日，在厦门市老年大学诗词学会活动上开展《试论仿拟与剽窃》讲座。

2010年（72岁）　　7月，出版《中华爱国对联选》。9月，出版《中华爱国对联选》（续编）。七律《南沙群岛》获中华诗词学会主办的第三届华夏诗词奖优秀奖。获厦门市文联授予的"先进工作者"荣誉称号。

2011年（73岁）　　《满江红·南湖颂》获庆祝中国共产党成立90周年"扬州杯"全国诗书画大赛银奖。五律《辛亥百年寄两岸》获福建省诗词学会、莆田市文联、市诗词学会举办的纪念辛亥革命100周年"三棵树杯"全国诗词大赛银奖。

2012年（74岁）　　七律三首《访杜甫故里有作》在河南郑州"纪念杜甫诞辰1300周年"诗赛中获优秀奖。出版《诗词曲写作技巧》（增订本)和《当代诗词曲创作指南》两本辅助教材。8月，在厦门集美诗词学会开展《用平仄弘扬国宝　以诗词陶铸民魂》讲座。11月14日，在三明市老年大学25周年校庆上开展《当代诗词曲创作指南》讲座，校长李长生颁发证书，被特聘为老年大学终身客座教授。

2013年（75岁）　　创作《诗词曲格律启蒙与创作技艺》（上下）。出版诗词曲联作品选《未名集》《诗词曲联点评汇编》。12月16日，在福建省老年大学开展《别开蹊径，写好时政诗》讲座。

2014年（76岁）　出版《未名集》（增订本）、《〈未名集〉评论汇编》。9月5日，在福建省老艺协开展《甲午中秋"赏月吟诗"》诗词讲座。

2015年（77岁）　应邀在思明区文安开设诗词班。主编并出版《鼓浪屿古今诗词曲联选萃》。4月15日，在华侨博物院开展《漫谈中国楹联创作及其艺术特色——以陈嘉庚纪念馆两副获奖联为经纬》讲座。4月5—25日，应中国辞赋学会之约，撰写《余氏族伦赋》一篇，并入选《中华百家姓氏赋》一书。8月26日，应厦门市朝宗宫之约，撰写《朝宗宫赋并序（以"恬澜贻职歌"为韵）》一篇，并由书法家吴忍成书成四条幅收藏于宫内。

2016年（78岁）　获思明区老年大学2015—2016年度优秀教师奖。7月30日，在仙游飞山诗社开展《略论如何提高当代诗词创作水平——从半斋参赛并获奖诗词谈起》讲座。11月18日，在厦门市老年大学诗词学会开展《用典十法——从一首诗用典的异议谈开去》讲座。

2017年（79岁）　获厦门市老年大学"十佳教师"荣誉称号。出版《未名论丛》（上下）。1月7日，在莆田市诗词学会开展《辩证看待和正确处理若干关系以提高诗词创作水平》讲座。

2018年（80岁）　5月4日，赴京参加母校北京大学120周年校庆。9月15日，厦门市老年大学举办"余元钱老师从事教育工作五十周年庆典"。出版《余元钱老师从事教育工作50周年诗文集》。多首诗词楹联入选《美丽福建看厦门》大型诗、书、画、影合集。

2019年（81岁）　7月8—13日，应三明市关工委、市教育局、市诗词学会之邀，赴三明市参加全市中小学诗词教育第一次师资培训活动，并在培训班授课。

2020年（82岁）　因疫情，开办线上教学。获市老年大学、思明区老年大学"抗疫教学先进教师"荣誉称号。

2021年（83岁）　上半年线上教学。5月1日，返乡采风。5月14日，赴陈景润实小考察并撰写《三明陈景润实小赋》一篇，镌刻于新建校区大楼前。再版《赋之基础及写作——附〈漫谈骈体文及骈文名篇〉》（增订本）辞赋与骈文教材一书。7月23日，受邀参加三明市关工委、市教育局、市诗词学会三方举办的对全市36所中小学诗词教育师资培训活动。

2022年（84岁）　5月15日，主编的《五星古今诗选》出版。出版新版对联教材《对联知识入门与创作指南（增订本）》一书。11月28日，厦门市文联党组书记陈影、副主席陈春洋、组联部调研员黄文娟和组联部杨秀晖等一行四人登门探访、慰问。

2023年（85岁）　2月19日，现任中华诗词学会会长周文彰赠"诗意人生"墨宝一幅。6月，厦门市委原副书记洪碧玲赠送艺雕箴言牌座（"骚坛常青树　诗教先行者"），并邀请诗友在惠和石文化园亲自为之揭牌。9月，出版《未名集·续集》（上下）。